国家话语生态研究丛书

澳大利亚主流报纸中的中国形象研究
2007—2010

计冬桢 著

上海社会科学院出版社

本书获"中央高校基本科研业务费专项资金资助项目"资助

国家话语生态研究丛书
编辑委员会

编委会主任

胡范铸　华东师范大学学报总编委会编委、华东师范大学国家话语生态研究中心主任、复旦大学《当代修辞学》编委会主任、上海市语文学会会长

李宇明　北京语言大学教授、中国语言学会语言政策与规划研究会会长

姜　峰　上海外国语大学党委书记

编　委

陈光磊　复旦大学教授、《当代修辞学》原主编、中国修辞学会会长
杜　敏　陕西师范大学教授、《陕西师范大学学报》主编
段　刚　《社会科学报》总编
范　军　华东师范大学教授,上海俄罗斯东欧中亚学会会长
古川裕　日本大阪大学言语文化研究科教授
陆　钢　华东师范大学教授、华东师范大学国际问题研究所所长
胡　健　《社会科学》杂志社社长、研究员,上海社会科学院软实力中心主任
胡培安　华侨大学教授、华侨大学华文学院院长
胡玉华　日本北九州市立大学教授
黄　敏　浙江传媒学院话语研究中心主任、钱江学者特聘教授
刘亚猛　福建师范大学外国语学院教授
毛履鸣　美国犹他大学人文学院修辞写作系主任、副所长
王建华　浙江科技大学教授、浙江政务新媒体研究院院长
魏　晖　教育部语言文字应用研究所研究员、副所长
杨　敏　中国人民大学外国语学院教授
张先亮　浙江师范大学教授、党委副书记
祝克懿　复旦大学教授、《当代修辞学》主编

机构与社会公众的沟通何以推进?
跨文化的国际理解何以可能?
——"国家话语生态研究丛书"总序

"话语生态"尽管是一个全新的理论命题,却又是所有人都熟悉的现实问题。

——在"郭美美炫富"事件中,红会的失语何以重创中国慈善事业?

——在政府信息发布中,"反正我信了"何以成为"雷人雷语"?

——在国与国突发安全危机中,如何有效地运用语言加以管理?

——汉语国际教育教材,构建了什么样的中国形象?

——语言政策,是促进了国家的和谐发展还是相反?

……

这些都可以说是"话语生态"的问题。

所谓"生态"即"有机体与其周围环境的相互关系","话语生态研究"关注的则是人们的话语如何与社会环境互相作用? 更进一步说,就是"语言活动是促进社会的和谐、促进社会的发展还是相反"?

其中焦点问题就是"国家话语生态"。

"国家话语生态"是一个新的领域,这一领域牵涉语言学、传播学、社会学、教育学、政治学、国际关系学等等。仅以语言学而论,又有修辞学、语用学、社会语言学、批评语言学、生态语言学等各种理论模型。不过,尽管以布斯"倾听修辞"和伯克"象征修辞"为代表的现代西方修辞学不仅设定"人是使用象征的动物",在人类的一切语言活动中都具有修辞,并且进一步强调如何从动机出发考察人们如何互相使用象征并受到象征的影响,强调在公共活动中必须学会倾听,但中国修辞学目前关注的还主要是如何依据题旨情境,运用各种语文材料、各种表现手法,来恰当地表达思想和感情,揭示修辞现象的条理;语用学是最近几十年从西方引进的,获得了越来越多的语言学者的关注,不过尽管西方语用学以哈伯马斯为代表,已经将语用学发展成为指导社会"对话"的一种实践,但国内语言学界的语用学研究基本还停留在命题与语句的理解上;社会语言学历来主要关注"语言系统"变化的社会因素,近年则逐渐发展出语言规划学的研究和生态语言学的研究,生态语言学尽管强调"对语言和环境之间相互作用的研究",不过,受传统的历史比较语言学的影响,迄今关注的还主要只是"语言的多样性问题"、"保护濒危语言"等问题。批评语言学是现代西方不断发展的一个语言学分支,是语言学实现社会功能的另一种理论努力,不过,国内的批评语言学总体上还停留在介绍层面。

如何才能走出这一局面?

我们以为:语言不仅是一种符号体系、一种能力,更是一种行为过程,是人们认识世界、发展自我、改变社会的过程。语言的行为过程也就是话语,可以说当代语言运用研究的核心问题是话语,话语的最大特征是实践,而所有的社会实践过程都具有一定的价值目标。如果说在农业化社会和工业化社会,人们还可能是分割成为不同的社群,"鸡犬之声相闻,老死不相往来",那么,到了21世纪,到了互联网时代,在经济全球化和信息网络化的推动下,"地球是个村庄"已然成为极其现实的命题,人类比以往任何时候都需要互相理解、沟通与合作,人类"命运共同体"的构建成为毋庸置疑的必需。而"命运共同体"的构建不仅仅是个政治问题、经济问题、军事问题，同时也是语言问题。在 21 世纪，国家内部如何进行更好的语言沟通、国家和国家之间如何彼此理解、国际社会如何健康的发展，不仅需要政治环境、法律环境，同样需要一个好的话语生态环境。

这时，人的话语实践、机构的话语实践、国家的话语实践究竟是推进地区的命运共同体建设、推进人类的命运共同体建设抑或相反，便成为一个极其现实而严峻的问题。语言学者、社会学者、传播学者、政治学者、教育学者等等一切关注语言同时又具有社会责任的学者对此都不能不作出自己的回应。

由此，我们发起组织了"国家话语生态研究丛书"。这套丛书不可能回应"话语生态"的所有问题，我们试图聚焦的：一是在国内，机构尤其是政府机构与社会公众的话语沟通何以推进？二是在全球，基于话语的跨文化国际理解何以可能？以期对于国家内部话语生态的改进、对于国际社会话语生态的改进能够作出一点自己的贡献。

为此，我们将不懈努力，更企盼学界的不断批评。

胡范铸

2017.07.07

目　录

第一章　绪论

………………………………………………………………（ 1 ）

第一节　研究背景及意义……………………………（ 1 ）

第二节　相关研究综述………………………………（ 4 ）

第三节　研究的问题…………………………………（ 14 ）

第四节　样本选取与方法运用………………………（ 15 ）

第二章　《澳大利亚人报》与《澳大利亚金融评论报》涉华报道的总体研究

………………………………………………………………（ 31 ）

第一节　《澳大利亚人报》涉华报道的统计与概述………（ 31 ）

第二节　《澳大利亚金融评论报》涉华报道的统计与概述

………………………………………………………………（ 37 ）

第三节　两报涉华报道的总体情况比较……………（ 42 ）

第四节　本章小结……………………………………（ 44 ）

第三章　《澳大利亚人报》涉华报道的个案分析

………………………………………………………………（ 45 ）

第一节　《2009年澳大利亚国防白皮书》相关涉华报道的中国国家形象分析……………………（ 46 ）

第二节　《2009年澳大利亚国防白皮书》相关涉华报道的新闻框架分析…………………………（ 61 ）

第三节 "热比娅"事件相关涉华报道的中国国家形象
分析 ………………………………………………………（71）
第四节 "热比娅"事件相关涉华报道的新闻框架分析 …（84）
第五节 本章小结………………………………………（97）

第四章 《澳大利亚金融评论报》涉华报道的个案分析
……………………………………………………………（98）
第一节 "力拓案"相关涉华报道的中国国家形象分析 …（99）
第二节 "力拓案"相关涉华报道的新闻框架分析………（119）
第三节 本章小结………………………………………（138）

第五章 两报在"力拓案"相关报道中所构建的中国国家形象对比
……………………………………………………………（140）
第一节 重要性分析……………………………………（141）
第二节 事件发展分析…………………………………（144）
第三节 新闻基调分析…………………………………（150）
第四节 中国国家形象对比……………………………（157）
第五节 本章小结………………………………………（158）

第六章 澳大利亚民众眼里的中国国家形象
……………………………………………………………（159）
第一节 《澳大利亚人报》的《致编者信》分析…………（160）
第二节 《澳大利亚金融评论报》的《致编者信》分析…（173）
第三节 两报《致编者信》中的中国国家形象分析………（184）
第四节 民调中的中国国家形象………………………（202）
第五节 媒体与民调中的中国国家形象比较……………（207）
第六节 本章小结………………………………………（209）

第七章 结语

…………………………………………………………… (211)

第一节 研究总结…………………………………… (212)

第二节 创新与不足………………………………… (219)

第三节 可能的研究方向…………………………… (222)

参考文献

…………………………………………………………… (226)

后 记

…………………………………………………………… (232)

第一章

绪 论

任何研究都是目标、问题和方法的统一,澳大利亚是中国最重要的经济伙伴之一,推动中澳合作是中澳学术研究的重要使命之一,由此,要面对的问题是:

第一,澳大利亚社会中的中国国家形象建构将深刻影响中澳关系的发展,则在澳大利亚,中国国家形象是如何展现的?

第二,新闻媒体是构建大众社会认知的重要途径,澳大利亚的主流报纸在构建中国国家形象时采用何种角度和态度?

第三,澳大利亚媒体市场竞争激烈,作为本文主要研究对象的《澳大利亚人报》和《澳大利亚金融评论报》分属不同利益集团,它们在中国国家形象构建上有何相似相异?

第四,媒体报道的数量巨大,采用何种理论方法才能对媒体中国家形象的构建予以有效解读?

本研究的重点在于回答上述一系列问题。

第一节 研究背景及意义

随着中国的发展和世界地位的上升,中国国家形象的构建已成为一个广受关注的课题。近年来,基于国家形象研究的相关立项日渐增多,显示这类课题的重要性和迫切性已得到广泛认同。一国的国际形象对他国的态度和观点有深刻影响。有学者在研究中提到:"弗雷德里克·巴格洪恩在1950年曾描述过一国政府如何通过控制其国民对另一国的形象来操纵舆论。他举例说明了苏联如何根据国家的需要通过政府控制的新闻媒介的宣传来改变苏联人心目中的美国形象。"(徐小鸽,1996:37)毫无疑问,一个具有良好形象的国家更易在国际社会中获得认可与支持,以为本国经济、政治、文化等各方面的进一步发展奠定友善的舆论基础,创造宽容的国际氛围,这正是目前中国所迫切需求的。

国家形象的塑造并不是纯粹的单向输出,而是一个需要经过反复信息输出、信息传递、信息接收和信息反馈的过程,其中起关键作用的是媒体。通常情况下,媒体是接受信息的第一主体,是信息传递的主要渠道,但传递过程往往会让信息带上某个媒体的观点或倾向。固然媒体并不是唯一影响国家形象构建的因素,但鉴于其在传播上所能取得的广泛性和有效性尚无能出其右者,故一直是学者研究的重要对象。在与媒体和国家形象相关的研究中,来自欧美的"声音"对一个国家的形象塑造往往会起关键作用,但随着世界局势的发展,学者应具有更全面的视野,进行更有针对性的研究。

有一个发达国家,地处东西方的交汇,东方的地理位置与西方的体制文化在这个国家有机地融为一体,为其发展创造出新的机遇,但同时,也对它在如何处理与中西方国家关系的问题上提出了挑战,这就是澳大利亚。自1972年12月21日中澳两国建交以来,特别是近十多年,中澳两国的关系日益密切,不论是政治、经济还是文化领域,两国都有积极的探索与合作。中国从2009年开始就一直是澳大利亚最大的贸易伙伴。2016年,中澳双边贸易总额达到1 552亿澳元(1澳元约合0.77美元),占澳贸易总额的23.1%,甚至超过了第二位美国和第三位日本两个国家与澳大利亚双边贸易额之和。两国关系发展迅速,在这一背景下,深入了解中国在澳大利亚的形象可以为中国在澳的国家形象建设提供有益的参考和有效的建议,对今后推动两国关系的发展有积极作用。

中澳关系发展最为迅速的近十多年里,有一段对中国具有特殊意义的时期,即 2007 年 11 月—2010 年 6 月。在这段时间内,"中国通"陆克文(Kevin Rudd)出任澳大利亚总理。由于陆克文总理与中国语言文化之间的特殊联系,这一时期的中澳关系备受中澳两国乃至整个国际社会的关注。陆克文是首位具有中国语言文化背景的西方国家领导人,他的"中国通"身份曾带给国人许多自豪和期盼,但现实无情,在这段时间内,中澳关系的发展并不顺利,反而经历了种种跌宕起伏,与预期相左,让人一时看不透,引人深思。这其中的根源究竟是什么?通过对这一时期中国在澳大利亚的国家形象进行全面而有效的分析,或许能解开这个困惑,为中澳关系的稳定和可持续发展添砖加瓦。

就现状而言,无论新媒体的发展多么迅猛,仍无法掩盖纸质媒体的重要性。澳大利亚的纸质媒体中不乏历史悠久、声望较高的报纸,在国内外具有相当大的影响力。相较于新媒体准入的"低门槛",报纸往往在刊登的新闻事件和观点上更具权威性,对在社会上拥有更多发言权和决策权的精英阶层有更大影响,在研究中也因其具有可追溯性而备受青睐。同时,更应关注澳大利亚报业格局的独特性。传媒巨头——新闻集团(News Corporation)和费尔法克斯集团(Fairfax Media)两家独大,而其他公司的市场份额则非常有限。这两大集团竞争激烈,经常发生互相攻击的情况。2014 年,费尔法克斯的首席执行官 Greg Hywood 就曾因新闻集团的出版物含有针对费尔法克斯的不实情况而对其进行激烈指责。但同时,两大集团所控制的媒体对国家形象的塑造、国际事件的发展及国家关系的变化都有深刻影响。对隶属于澳大利亚不同利益集团的两份主流报纸进行研究,不仅能有效地揭示澳大利亚主流媒体如何对中国国家形象进行构建,而且能发现由于不同集团背景的影响,在构建中是否会形成异同,是怎样的异同。以这些背景与思考为基础,本研究以澳大利亚两大主流报纸中的涉华报道为样本,构建由此呈现的中国国家形象,及报道中所采用的新闻框架,并作对比研究。

第二节 相关研究综述

一、国内研究

中国国家形象研究的起源可追溯到20世纪90年代,但当时只有非常有限的研究和成果。90年代以后,随着中国的崛起,一些国家出现了相当多关于中国的负面言论,在国际范围内造成了一定影响,给中国进一步的发展带来不利。中国学者开始针对这一现象展开讨论和研究,相继有超过十本以"国家形象"冠名的书籍出版,内容涵盖了基本理论、历史沿革、形象构建及战略目标等。由上海语文协会、《华东师范大学学报》及《当代修辞学》共同举办的国家形象修辞学研讨会已连续举办了五届,专家和青年学者的积极参与使会议取得了有益的成果。中国政府相关部门对与"国家形象"相关的课题资助也愈来愈多。2014年12月14日,清华大学国家形象传播研究中心正式宣告成立,成为目前国内唯一专注于国家形象传播研究的智库。

截至目前,针对"中国国家形象"的研究成果数量可观,而从发表的论文情况看,研究角度、内容和对象均呈现多元化局面。

从研究角度出发,既有宏观研究,如金正昆、徐庆超的《国家形象的塑造:中国外交新课题》,认为当代中国的国家形象塑造,包含了对国家形象的认识、构建、推广、维护与调整等层面,是一个具体而复杂的系统过程,同时也是一国外交的基本目标之一(金正昆、徐庆超,2010:119—127);也有个案研究,如张昆、陈雅莉撰写的《东盟英文报章在地缘政治报道中的中国形象建构——

以〈海峡时报〉和〈雅加达邮报〉报道南海争端为例》一文,以《海峡时报》和《雅加达邮报》自2010年7月至2013年6月这段时间内,所刊登的关于南海争端的新闻为研究对象,考查了两份东盟英文报纸报道南海争端的主导性框架、意见话语和对华态度,旨在探究东盟媒体用以建构中国形象的深层逻辑,并在此基础上,对中国的区域形象建构战略提出主张(张昆、陈雅莉,2014:72—82)。

从研究内容出发,既有针对某一国构建中国国家形象的研究,如强晓云的《试论国际移民与国家形象的关联性——以中国在俄罗斯的国家形象为例的研究》,在全球化背景下,从国际移民参与国家形象构建的作用出发,探讨了作为国家形象的载体及国家形象传播途径和建构手段的国际移民,在国家形象构建上的影响力度、渠道抑或是轨迹等方面不可替代的特性(强晓云,2008:62—68、190);也有针对多个国家或某一地区的中国国家形象研究,如郭可、吴瑛的《世博会对提升中国国家形象的作用——基于多语种国际舆情的研究》,对15个国家的29份主流报纸进行研究,分析总结了世博会对提升中国国家形象的作用(郭可、吴瑛,2010:76—90);还有针对国内中国国家形象的研究,如陈文的《两广地区东南亚留学生眼中的中国国家形象》,采取判断抽样和分层抽样的方式对就读于两广地区15所学校的东南亚十国来华留学生进行调查,发现东南亚来华留学生对中国国家形象的评分高于印度,但低于美国和日本,并对这一状况进行了分析,提出这与东南亚留学生来华前后了解中国的渠道、与中国人的交往程度、其所在国与中国的关系等因素有关(陈文,2012:95—119、159)。

从研究对象出发,既有对单个媒体的研究,如贾文键的《德国〈明镜〉周刊(2006—2007年)中的中国形象》,对2006年1月—2007年12月间发行的全部《明镜》期刊中重点报道中国和中国人的文章进行了研究,得出了对中国的负面报道占主导地位的三大原因:德国的国家利益面临挑战、德国人的文化自信面临危机及

"跨文化沉默的螺旋"现象(贾文键,2008:62—67、81);也有对多个媒体的交叉分析,如贾中山、朱婉君的《西班牙媒体三大报纸上的中国国家形象分析——以"十八大"期间涉华报道为例》,选取《国家报》《世界报》和《ABC报》三份报纸,以其中关于中国共产党召开"十八大"期间的涉华报道为主,解读中国在西班牙媒体中的国家形象,并分析其形成原因(贾中山、朱婉君,2013:47—49);还有以不确定的某个或多个媒体为对象的研究,如甘险峰的《美国主流媒介文本中的中国形象变迁——基于普利策新闻奖获奖作品中中国题材的梳理》,通过对获得普利策新闻奖的中国题材进行历史梳理,分析在作为美国主流新闻媒介所欣赏的新闻文本中,中国国家形象经历了怎样的变迁并对其原因进行了探究(甘险峰,2010:70—72)。

从上面简单的列举中可以看出研究角度、内容、对象之丰富,但就研究方法而言,却鲜见更为多样或系统的方法应用。

首先,最为常见的方法是通过整理资料,构建国家形象,并进行研究分析,继而提出意见或作出结论。如张玉的《日本报纸中的中国国家形象研究(1995—2005)——以〈朝日新闻〉和〈读卖新闻〉为例》,以《朝日新闻》和《读卖新闻》这两份日本报纸为研究对象,对1995—2005年间的涉华新闻报道进行了重点分析,采用的研究方法主要是内容分析法,总结构建了这一时期日本报纸中的中国国家形象(张玉,2007:75—83)。这类研究资料除了文本资料、图像资料,亦包括影像资料。如汤天甜的《论中国国家形象宣传片的文化公关与价值输出》,以2011年1月在美英等国媒体上正式播出的中国国家形象宣传片为研究对象,解读国家形象宣传片的核心价值与文化影响,旨在为新时期中国国家形象的建构和传播作出有益的尝试(汤天甜,2011:113—117、149)。这些研究选取的资料有新有旧,资料载体亦较为多样,但在研究时,却缺乏一种立体的视角,即共时与历时的双重比较,在国家形象研究的立体度上稍逊一筹。

其次,以学者自身的见解结合历史或国家政策提出关于国家形象塑造的阐释或意见。如范红的《国家形象的多维塑造与传播策略》一文,提出应建立国家级别的机构来对国家形象的规划和管理进行统筹协调,对国家形象的核心要素和差异化特色进行系统梳理,在此基础之上,对国家形象作出精确定位并整合相应的营销传播策略(范红,2013:141—152)。这一方法对学者本身的学识积累依赖度极高,可以说,学者视野的宽度和见解的高度直接决定了论文观点的质量,虽具有借鉴意义,但在客观性、科学性上有较大局限。

第三,以调查的方法获取所需材料进行分析。如徐翀的《近十年俄罗斯民众对中国国家形象的认知——基于俄国内民调结果的实证分析》,以大量的民意调查数据为基础,就俄罗斯民众对中国的认知特点进行了分析,探究其心理动因,并针对其特点提出建议(徐翀,2012:92—104)。这一方法所获的研究资料相较于文献资料或图文影像虽更为直接,也更易掌握民众的想法,但由于其对调查方式、调查对象、调查环境有要求,且需大量的人力物力进行操作,总体上所占比例有限。

另外,也有学者在研究中将其他学科的理论或工具应用到国家形象研究上。如胡范铸、陈佳璇、甘莅豪、周萍的论文《"海量接受"下国家和机构形象修辞研究的方法设计——兼论构建"机构形象修辞学"和"实验修辞学"的可能》,提出不同于个人话语交际,当代机构修辞的一大特点是"海量接受",为了有效分析巨量接受者集合对机构修辞的接受过程,实验修辞学研究将是一种重要的选择,包括可以采用借助目标词词频统计研究机构形象修辞的关注度,借助目标词共现分析研究机构形象修辞的语义价值,借助目标词前三个网页研究考察机构形象修辞在网络海量信息中的有效存在等方法,克服机构形象修辞中最大的弊病"自言自语"(胡范铸、陈佳璇、甘莅豪、周萍,2013:1—9)。这些新方法新理论在研究深度和广度上有突破有创新,对今后国家形象研究的发展有积极意义。但由于尚未形成规模,而散见于中国国家形象研究的诸多论文成果中,未来仍需进行更多的探索。

除了论文方面,书籍方面的研究成果也颇为显著。如杜雁芸的《美国政府对中国国家形象的认知》,对近年来美国政府所认知的中国国家形象进行梳理,以此为依据,探寻美国对中国形成认知偏差的原因,试图在增强双方战略互信、构建良好的中美关系方面提出有意义的见解(杜雁芸,2013)。这是对中国国家形象在某一国的传播情况进行研究,属于单一国别研究。

刘琛、张玉宁、陈俊侠、周杜娟等的《镜像中的中国国家形象》,依据中国大外交战略布局,从"新型大国关系"和"一带一路"两个大方向上,选取美国、英国、法国、韩国、日本、部分阿拉伯国家和澳大利亚作为研究对象,从政治、经济、文化三个层面,分析它们对中国电视国际传播效果的评价,通过定性和定量分析,廓清了新形势下中国电视荧屏上的中国国家形象在这些对象国的样貌,并在此基础上,从国别/区域和全球两个层面总结了中国国家形象的国别/区域性国际传播规律及共性特征,并提出相应策略和建议(刘琛、张玉宁、陈俊侠、周杜娟等,2016)。这类研究针对的是与某一主题相关的中国形象在多个国家或某一地区的传播情况,属于跨区域的主题研究。

蒙象飞的《中国国家形象与文化符号传播》,以建构主义理论为视角,在对国家形象的基本内涵及当前中国国家形象认知困境形成原因进行分析的基础上,探讨符号,尤其是文化符号在传播信息、形成共识、建构身份、塑造形象中的重要作用,提出当前中国国家形象建构中文化符号的价值取向、选择原则和传播策略(蒙象飞,2016)。这是针对中国国内所采取的构建中国国家形象的方式方法而进行的研究。

张昆主编的《中国国家形象传播报告：2016》，采用宏观与微观、实证与理论、现实与历史、本土与海外等多重视角，根据采集和整理的大量新近实证数据，集中考察了中国国家形象传播的现实状况和发展趋势(张昆，2017)。这是对中国国家形象的传播、演变与构建的整体分析，而不是从某个或某几个案例出发，属于国家形象构建的宏观研究。

概而言之，作为近年的一个热门课题，国内在不同背景下，选取不同对象进行"中国国家形象"相关研究，取得的成果丰富，涉及的内容广泛，包括对国家形象概念的讨论，对国家形象和软实力关系的研究，国家形象危机的应对等。这些研究的主要特点有以下几个方面：

首先，对个案的研究较多。国内的媒体研究，无论是单个媒体还是多个媒体，都以个案研究为主，即使是多国或地区范围的研究也呈现这一特点，"世博""十八大""领导人出访"等都是涉华报道中的重点事件，亦是研究的热点。当然，也有将某一时期内的所有涉华报道作为研究对象的，但这一时间范围通常较短，一般在一年或一年以内。

其次，研究对象多样化。媒体选择上，单个媒体、多个媒体、国内媒体、国外媒体、媒体比较等均有涉及；地域分布上，从欧洲、美洲到非洲，覆盖面广；研究出发点上，涵盖国家利益、国际形象、国家关系、外交战略及新闻传播，角度多元灵活。

第三，在国内针对涉华报道的研究中，理论性研究相对占主流，所涉及的理论包括话语理论、社会构建理论等，相对局限。

第四，研究方法有局限。多采用对文献资料或影像资料的整理分析，学者自省的模式，调查问卷的形式或借鉴其他学科的理论和方法，但普遍缺乏创新和突破，且尚未构成体系。

最后，研究分布不均。对中国国家形象的研究，地域分布虽广，但分布并不平衡。欧美国家是研究主流，尤其是美国，这一点不论在论文分布还是著作分布上都相当明显。本文的主要研究对象是澳大利亚报纸中的涉华报道,因此,在关注相关研究成果时,首先将重点放在对澳大利亚媒体的研究上,但收获非常有限。中国知网(CNKI)上以"澳大利亚"和"中国国家形象"为主题进行期刊文章搜索,仅能得到个位数的搜索结果;扩大范围,搜索硕博士论文,仅有四篇相关研究,均为硕士论文;而会议论文的搜索结果则更为有限。

鉴于中澳两国同处亚太,地缘亲近,经贸合作关系密切,以及澳大利亚在中西方世界中的特殊性,目前极为有限的研究成果,反映了对澳大利亚媒体眼中的中国国家形象研究严重不足的现实,值得深入讨论和思考。

二、国外研究

在国外,随着中华人民共和国的成立,以及改革开放后中国的发展,出现了一些著作形式的研究成果。1958年,哈罗德·伊萨克斯(Harold Robert Isaacs)撰写了《心影录——美国人心目中的中国和印度形象》(*Scratches on Our Minds American Images of China & India*),这本书中有关中国的部分于1999年在中国翻译出版,被命名为"西方视野里的中国形象:美国的中国形象";1974年,费正清(John King Fairbank)的《认识中国:中美关系中的形象与政策》(*China Perceived: Images and Policies in Chinese-American Relations*)正式出版,这位美国的现代中国学奠基人和开拓者曾撰写了一系列关于中美关系及中国历史社会的专著,但只有这一本明确提到了形象问题;1994年,李金铨(Chin-Chuan Lee)所撰写的《中国的媒体,媒体的中国》(*China's Media, Media's China*)由美国的 Westview Press 出版社出版;2006年,乔舒亚·库珀·雷默(Joshua Cooper Ramo)的《中国形象——外国学者眼里的中国》(*China's Image the Country in the Eyes of foreign Scholars*)出版。关于"中国形象"的论著日益增多,同时,"中国国家形象"这个论题开始出现在一些国际讲座和国际会议上,引起愈来愈多的讨论和探索,所取得的论文成果数量相当可观。

首先,自研究对象入手,这些论文可分为以下几类:

第一,单一媒体研究,即针对某一媒体的研究。如 Di Wang 在 *The Changing of the Image of China: A Framing Analysisi of Coverage in the Times Magazine From 1992 to 2008* 一文中对1992—2008年美国三大时事性周刊之一的《时代》(*Time*)杂志上的206篇涉华报道,利用内容分析和话语分析的方法进行研究,以了解这份美国的重要杂志如何构建中国国家形象。研究发现,《时代》杂志上的涉华报道同时存在"变"与"不变","变"的内容包括新闻框架从"意识形态冲突"变成"经济冲突",中国形象从"非法的他者"变成"合法的他者";而"不变"的内容则包括美国标准、中国责任、优越感等(Di Wang, 2009)。

第二,多媒体研究,即对多个媒体的交叉比较研究。首先,这包括同一国家地区的多个媒体比较研究,如彭增军(Zengjun Peng)在 *Representation of China: An Across Time Analysis of Coverage in the New York Times and Los Angeles Times* 一文中,对比研究了《纽约时报》和《洛杉矶时报》美国两大纸媒的涉华报道,提出六个研究假设,并一一进行检验。在对文字报道的研究中,作者回顾了中国国家形象,并以此为背景,对美国主流新闻媒体中的涉华报道进行集中研究,通过量化分析和内容分析,采用框架理论的方法进行研究,发现有关中国的报道一方面数量增加显著,另一方面报道的否定基调却变化不大(Zengjun Peng, 2004:53—67);其次,也包括不同国家、地区的多个媒体比较研究,如 Jing Yin 在 *The Narrative Function of News: A Comparative Study of Media Representation and Audience Inter-*

pretation of China-U.S.Trade Relationship 一文中，通过综合媒体传达的内容和受众的理解，分析媒体叙述会在何种程度上限制受众的理解，以及受众能在何种程度上不受媒体观点偏好的影响，特别针对《人民日报》和《纽约时报》如何描述中美贸易关系及听众如何理解中美贸易进行研究，结果表明，即使受众能不受某一媒体意识形态的影响，他们也会依赖于另一种主流媒体(Jing Yin,2007:33—42)。

其次，从研究重点出发，这些论文可进行如下划分：

第一，大事件是研究的一个热点，2008年北京奥运会的举行就催生了不少相关的论文，如Pere Berkowitz等在 *Brand China: Using the 2008 Olympic Games to enhance China's image* 一文中，介绍了国家品牌的概念，对中国如何利用好奥运会以增强全球品牌效益进行了分析，同时，对中国应如何实现国家潜力最大化提出了建议(Pere Berkowitz、George Gjermano、Lee Gomez、Gary Schafer,2007:164—178)。

第二，国别研究显得较为突出，学者们根据自身所在国与中国间联系的实际情况，对本国的中国国家形象进行了各方面研究，如Janaina de Moura Engracia Giraldi 等所撰写的论文 *Reasons for country image evaluation: A study on China image from a Brazilian perspective*，以描述性的定量研究，在受访者对中国国家形象评分的基础上，探讨巴西民众对中国产品负面评价的原因，提出中国企业在营销产品时应该注重与巴西民众的交流，以减少针对中国产品的偏见，进而增强他们对中国产品的尊重(Janaina de Moura Engracia Giraldi、Ana Akemi Ikeda、Marcos Cortez Campomar,2011:97—107)。

第三，学者们对中国国家形象的历史变化予以关注，如Zhilian Zhang所撰写的 *China and France: The Image of the Other*，对19世纪至20世纪末期间，中法两国在宗教、文化和政治等多方面的交流进行分析,认为每个国家所构建的他国形象都以某一阶段的与本国利益相关的历史变化为基础(Zhilian Zhang,2010:97—106)。

最后,研究角度多样而新颖,如 Elena Atanassova-Cornelis 所撰写的 *Chinese Nation Building and Foreign Policy: Japan and the US as the Significant "Others" in National Identity Construction*,探讨了中国在冷战后的国家形象建设,关注中国过去作为受害者,现在作为发展中国家,今后作为大国强国的定位,认为日本在中国的历史上占有重要作用,而现在和将来,美国将扮演主要角色(Elena Atanassova-Cornelis, 2012:95—108)。

对比国内外对"中国国家形象"的研究,有如下差异:

首先,国外研究在选题上更为新颖。研究内容不限于文字报道,会从多方面进行挖掘,专门研究国会、总统、经济等因素对于新闻报道的影响;在研究方法和研究理论上有多元化和多样化的特点,调查法、内容分析法、框架理论、话语理论都得到充分运用。

其次,国外研究的范围更广,这不仅指地域概念,在时间概念上亦是如此。国外涉华报道的时间跨度较国内大,会进行十年甚至更长时间的集中研究,这是对更大样本量的研究,也正是由于样本数量大,时间跨度大,研究者会更注重某一方面的历时变化,使研究结论往往带有动态性和针对性,而国内的宏观研究则几乎没有这种特点。

第三,相较于国内学者常使用先分析后总结的归纳分析法,国外学者似乎更喜欢采用假设验证方法。国内学者会根据研究需要采用某种理论和研究方法,总结出带有一定归纳性和普适性的结论;而国外学者则会将多种理论灵活结合,采用具有创新性的研究方法,得出多样而具针对性的结论。遗憾的是,国外研究在立体研究视角方面仍显不足,虽然有多媒体的比较,但却缺乏针对媒体互动和事态发展的研究。这是本研究尝试避免的缺憾。

最后，无论国内还是国外研究，地域分布的不平衡性都非常明显。澳大利亚媒体所构建的中国国家形象无论在国内还是国外都没能得到足够的重视，本研究将尝试填补这一空白。

第三节 研究的问题

根据上文所作的文献综述，可以看到，目前在国内有关中国国家形象的研究中媒体研究是主流。从媒体对信息传播的重要性来看，这一局面的形成确实有其原因。媒体是人们获取资讯最简单最直接的渠道，因此，一个国家的形象构建很大程度上取决于媒体如何进行传播。正确审视国外媒体中的"中国国家形象"对准确了解中国国家形象在国际社会传播的现状具有重要意义。目前，媒体研究具有数量大、角度多、方法广、理论泛的特点，但在研究分布上存在明显的不平衡，对欧美媒体的相关研究占明显的主导地位，而其他国家则相对弱势。澳大利亚属于弱势一方，但鉴于澳大利亚与中国在地缘、政治、经济等多方面的密切联系，笔者认为澳媒体的涉华报道值得更多的关注和研究。

同时，从文献综述可知，现阶段国内外研究各有特点。国内研究在数量上有优势，但在理论运用上倾向于单一套用，而国外研究则更为多元创新；在结论上，国外研究呈现更强的针对性，而国内则多为归纳总结，具有更强的普适性。总体来说，虽然研究内容和研究对象均较为丰富，但方法上缺乏系统性和创新性，研究热点的分布不均衡。

鉴于以上的总结发现，参考其他国家媒体的涉华报道和国家形象研究，本研究会尽可能在摒弃国内外研究缺憾的前提下，将澳大利亚的两大主流报纸《澳大利亚人报》和《澳大利亚金融评论报》在陆克文当政期间所发表的涉华报道作为研究样本，主要运用目前较为流行的框架理论，辅以互文分析的方法，同时，综合运用多种研究方法,最大程度减少主观情感影响,借鉴国外研究中灵活多样的研究思路,客观地对整体样本和个案样本进行分析,以此为基础,总结澳大利亚主流报纸所塑造的中国国家形象及相关涉华报道的新闻框架,并尝试探索分属不同利益集团的媒体所构建的中国国家形象之间的异同,进而对如何进行中国国家形象的海外构建提出有效可行的建议。

第四节　样本选取与方法运用

这一部分主要介绍的内容包括样本来源的确定、样本的选择、采用的理论与方法以及样本的获取四个方面。

一、样本来源的确定

新媒体的发展日新月异,资讯传播的渠道让人眼花缭乱,信息技术的发展值得赞叹,但也正因如此,媒体门槛降低,大量未经处理的信息进入传播,致使人们每天接受的信息量成倍增加,且这些信息往往鱼龙混杂,真假难辨。虚假信息的过滤及信息的有效获取已成为一个新课题,各国在信息传播的管理上面临新的挑战。

在进行媒体研究时,首先需要关注信息的可靠性,因此,报纸往往是首选。此外,可追溯性和易收集性同样非常重要,信息来源的可追溯性对后续的信息分析有重要作用。虽不断受到新媒体的挑战,但报纸仍是一个国家媒体中最重要的构成,相较于电视广播或网络等电子媒体,报纸由于有书面材料可以作为依据,其所承载的信息更易于被综合分析。样本数据可靠、可追溯的特点正是保证研究科学性的基础。考虑到上述因素,本研究对媒体类型进行筛选后,选择澳大利亚的报纸作为研究对象。

澳大利亚的传媒业十分发达,仅报纸就有500多种,但澳报业有一特别之处,那就是少有全国性大报,很多知名报刊都是地区性报纸,即以澳大利亚国内的主要城市为发行目标,比如著名的《悉尼先驱晨报》(Sydney Morning Herald)、《时代报》(The Age)等,但对澳大利亚主流报纸所塑造的中国国家形象进行研究,要求更全面,而不是区域性的视角,因此,《澳大利亚人报》(The Australian)和《澳大利亚金融评论报》(The Australian Financial Review)是最合适的选择。首先,这两份报纸都是全国发行,是澳大利亚500多种报纸中鲜见的全国性报纸,且发行量位居前列。

《澳大利亚人报》于1964年7月15日创刊,是澳大利亚最具影响力的全国性报纸,隶属于新闻集团,报社总部位于悉尼。该报周一至周六,全国范围每日发刊,2013年平日版的订阅量为116 655份,周末版254 891份,是澳大利亚发行量最大的全国性报纸。

该报在悉尼、墨尔本、布里斯班等城市同时发行,影响较大。主要刊登国内外要闻,还有商业、体育、娱乐等方面的新闻。其读者主要为具有较高教育水平的商人、政府人员、大学生等。报纸平时的页数在36页左右,周四会增发一本小册子,周五则另外发售一本杂志,而周末的页数可达160页之多。周末版的《澳大利亚人报》将周六、周日合并为一份报刊,于周六发行。刊登的内容包括世界各地的新闻资讯、娱乐消息、体育信息及健康小知识等,内容丰富,涉猎面广,是澳大利亚具有标志性意义的全国性综合大报。

《澳大利亚金融评论报》是澳大利亚全国性商业和金融报纸,周一至周六出版,是澳大利亚重要的财经类日报,读者主要为澳工商界人士和政府官员,报道内容包括财经新闻、澳工商业近况、英联邦国家财经动态、股票市场行情等。该报在悉尼出版,全国发行,属于澳大利亚另一传媒巨头——费尔法克斯集团。该报在目前全球经济一体化的背景下发展迅速,报道内容已拓展到政治和科技领域,读者层次较高,对经济领域甚至政府高层的决策具有相当的影响力。该报2017年平日版的订阅量为47 200份,周末版56 100份。

选择这两份报纸除了因为它们是全国性报纸,还因其分属于不同的传媒集团。研究要客观全面,必须充分考虑来自各方的声音。《澳大利亚人报》与《澳大利亚金融评论报》的关系常被形容为"rival"(对手)。这种竞争关系在两份报纸的创立之初就已现端倪。《澳大利亚金融评论报》创立于1951年,之后创立的全国性报纸就是《澳大利亚人报》。从市场占有率亦可看出它们之间针锋相对的竞争。传媒大亨默多克(Rupert Murdoch)所掌控的新闻集团拥有澳大利亚全国纸质媒体的近70%,而另30%基本就是被布莱克(Conrad Black)的费尔法克斯集团所拥有。这两大集团拥有澳大利亚全国超过90%以上的报纸,其他任何一个西方发达国家都不具备这样高度垄断、高度集中的报业结构特点。这也成就了两位澳最有话语权的传媒大亨,出于某种目的,他们可通过自己的报纸影响民意,进而影响政府的决策,为自己支持的政党牟利。因此,本文同时从这两家报纸入手,互为印证,互相补充,只有这样才能准确构建澳大利亚主流报纸中的"中国国家形象",并对今后的国家形象建设工作提出可行的意见和建议。

二、样本的选择

将《澳大利亚人报》和《澳大利亚金融评论报》作为样本来源,但由于两报报道数量巨大,必须确定一个合理的样本范围。2007年11月24日—2010年6月24日这段时间,对中国政府甚至许多中国人来说,都是中澳关系史上一段具有特殊意义的时期——"中国通"陆克文正是在这段时间内担任澳大利亚总理。

陆克文于1957年9月21日出生在澳大利亚昆士兰州楠伯镇,他在2007—2010年及2013年曾两度担任澳大利亚总理,是继

1949年罗伯特·孟席斯(Robert Menzies)之后首位二度担任总理一职的人,也是澳大利亚历史上不多见的在成功赢得大选之后第一届任期未满即被迫下台的总理。虽曾在民调中长时间领先,但在经历后续支持率的几次大幅下滑及2010年的党内政变后,最终,陆克文在2013年大选中失利,黯然退出澳大利亚政坛。陆克文给我们留下了中澳关系史中耐人寻味、引人深思的一段时期。

陆克文在中国获得了比以往任何一届澳大利亚总理更多的关注和更高的知名度,这是由于他与中国之间存在深厚的渊源。1976年,陆克文进入位于堪培拉的澳大利亚国立大学(The Australian National University,简称 ANU)修读中国历史及中国文学,同时取"陆克文"作为他的中文姓名。求学期间,陆克文成绩优异,完成了关于中国异见者魏京生的论文,论文导师是澳大利亚国立大学亚太学院的教授柯林·杰夫考特(Colin Jeffcott)和比利时裔的著名汉学家李克曼(Pierre Ryckmans)。他于1981年获得澳大利亚国立大学文学士(亚洲研究)一级荣誉学位。陆克文对学习的热情让人印象深刻,在攻读学位时,他曾为澳大利亚著名的政治评论员劳里·欧克斯(Laurie Oakes)清扫房屋,以缓解资金短缺。陆克文曾先后跟随多位著名的汉学家学习,其中就包括白杰明(Geremie R.Barme)和李克曼。

陆克文与白杰明最引人关注的交集并不是陆克文在校学习期间的师生交流互动,而是在2010年。当时,陆克文在澳大利亚国立大学发表题为"国际舞台上的澳大利亚和中国"(*Australia and China in the World*)的演说,并宣布政府将出资5 300万澳元在该校建立"中华全球研究中心"(Australian Centre on China in the World),大力支持白杰明所倡导的"新汉学"(New Sinology)。这一决定在当时曾引起相当大的争议。

陆克文对李克曼亦是非常崇敬,2014年8月11日李克曼去世之后,陆克文曾表示这位指导他荣誉论文的汉学家是"世界上最权威的汉学家之一。他和他的家人在40年前选择定居澳大利亚,是澳大利亚之幸""我对中国的了解,以及我对中国浓厚的兴趣,许多都要归功于他"(Rowan Callick, 2014)。

陆克文于1980年赴台北的台湾师范大学国语教学中心学习中文。1981年毕业后,陆克文作为公务员进入澳大利亚外交部。1984年被派驻北京,专责分析中国政治及经济形势。1995年,陆克文离开昆士兰州政府后,担任毕马威(KPMG)会计师事务所的中国事务资深顾问。1997年,他出任昆士兰大学亚洲语言系副主任。在他的职业生涯中,"中国""汉语"始终是他的标签。即使在总理选举中,他的汉语背景亦被寄予厚望,不少选民都希望能借此助力澳大利亚走出经济困境。

流利的汉语、东方色彩较为浓郁的脸庞、经典的汉语名字,这一切都让中国人对他感到亲切不已。这不仅帮助他成为首位能讲流利汉语的西方领导人,并入选《时代》杂志"全球最具影响力的人",更使他在任期间的中澳关系较以往任何阶段都更受关注。

当陆克文忙于总理竞选时,澳大利亚经济正处于一个非常关键而敏感的时期。虽然全球金融危机爆发于2008年,但2007年早些时候就已出现征兆。澳大利亚没有忽视这些警示信号,开始谋划未来。对澳来说,要控制和避免情况的继续恶化,中国是一个最为便捷有效的选择,这一点对陆克文的竞选起到了积极作用。作为澳大利亚最大最重要的贸易伙伴,中国高速发展的市场及巨大的潜在投资都充满吸引力。在此情况下,陆克文的汉语及相关背景成为他竞选中一个可能的加分点,帮助他干净漂亮地击败了对手——连续执政长达11年的自由党领袖约翰·霍华德(John Howard),媒体甚至创造了"陆氏滑坡"(Ruddslide)一词来形容大选结果,在其后相当长的一段时间里陆克文都保持着较高的民调支持率。

鉴于这些与中国相关的因素,陆克文被认为是揭开中澳关系新篇章的最佳人选。两国报纸上都出现了相当数量的报道,毫不吝啬篇幅地讨论预测中澳关系未来的发展。陆克文,作为一个西方国家领导人却能讲一口流利的汉语,他的出现,让很多中国人感到自豪和骄傲。中国的语言和文化终于也能像英语一样被一国的最高领导人所掌握,而且这是一个西方发达国家领导人,这在历史上实属鲜例。"陆克文"的中文名字和汉语能力帮助他在中国赢得广泛关注。很多人期待陆克文和中国之间的深厚渊源会给中澳两国带来新发展。但事情并不尽如人意,陆克文执政期间的中澳两国关系历经波折,甚至一度跌到了冰点。这让很多人感到困惑甚至伤感。这种情感预期与实际情况之间的落差所造成的失望,并不难理解,但需要关注的是,澳大利亚媒体和社会对陆克文执政期间的中澳关系持什么样的态度?陆克文民调支持率大幅下降的原因何在?在此期间,澳大利亚媒体如何构建中国国家形象?媒体所塑造的中国国家形象与事态发展有怎样的联系?若能发现影响局面的关键因素,则将有利于中国今后在国际社会上有效地构建或改善中国国家形象,因此,本研究将获取样本的时间段定在陆克文担任总理期间。

陆克文曾于2007年和2013年两度担任澳大利亚总理,但由于2013年的总理任期非常短暂,且中澳关系并没有如第一任期那样发生戏剧性变化,因此,本研究主要关注陆克文的第一个总理任期。

综上所述,本研究选取的样本范围是2007年11月24日—2010年6月24日这两年零七个月时间内《澳大利亚人报》和《澳大利亚金融评论报》中所有的涉华报道,将之放在陆克文执政的大背景下,解读澳大利亚主流报纸中的中国国家形象,探讨影响国家形象构建的各项因素。

三、采用的理论与方法

本文拟采用的主要理论是目前国内外都较为流行的框架理论,以该理论为基础,结合互文理论,对《澳大利亚人报》和《澳大利亚金融评论报》中的涉华报道进行梳理、整合的文本分析研究。

前述文献综述揭示,中国国家形象的研究亟待突破先前平面研究的局限,不仅要对共时和历时变化进行描述分析,也应了解新闻篇章间、新闻报道与读者观点间的互动关系。为了解决这一问题,本研究主要采用框架理论,辅以互文理论,并在必要时,结合使用其他研究方法。

首先,框架理论在国家形象研究中已有所应用,并通过一些成果的发表证明了其具有实际的应用价值和操作意义。如黄鹤舒的《新闻框架理论视角下的中国国家形象研究——以美国 CNBC 电视 Inside China 为例》,以探究专题节目 Inside China 中的"框架"来分析外媒对中国的报道,研究国际新闻报道中的"框架"如何促使人对某一国或某一群体产生偏颇的认知,形成刻板印象(黄鹤舒,2013:28—30)。

框架理论的应用,可以分析新闻报道中中国国家形象构建的框架,即使针对不同媒体、不同主题,只要有足够的样本,也能分别建立中国国家形象。在此基础上,辅以互文理论,来分析文本之间的互动关系,以探究不同媒体在中国国家形象构建上的异同及由此对读者或民众观点产生的影响,并揭示作为研究对象的《澳大利亚人报》和《澳大利亚金融评论报》是否会由于分属两大利益集团而在对如何构建中国国家形象的问题上产生差异。这与以往研究中将多个媒体所构建的中国国家形象进行简单对比不同,需要对新闻报道间,以及新闻报道的内容与读者/民众看法间的互动关系进行审视。互文理论的应用有助于描述不同媒体在构建中国国家形象上的差异和对比,进而更全面地了解同一时代不同媒体眼中的中国国家形象及其形成的原因和对受众的影响。这不仅是对媒体眼中的中国国家形象进行的平面研究,而且是一种通过探讨媒体间,以及媒体与读者/民众间互动关系而进行的立体分析。

(一) 框架理论和新闻框架分析

1. 理论简介

框架的概念源自贝特森(Bateson),但欧文·高夫曼(Ervin Goffman)对框架理论贡献较大,是经常被引用的美国社会学家。"1974年,社会学家高夫曼出版《框架分析》(Framing Analysis)一书,使得'框架'作为一个理论概念而进入社会科学领域。"(陈阳,2007:313—314)高夫曼在此书中,将学者们的框架理论研究进行了理论连接。他假定"人们对某一情景的定义是建立在与组织原则的协调一致上的,这种原则操纵着事件以及我们对这些事件的主观卷入"(Ervin Goffman, 1974:21)。以此为前提,高夫曼对人们如何建构某特定现实,建构遵循何种规则进行了探讨。他指出,框架是元传播层面的资讯,是传递者向受众提供的用于理解符号的诠释规则。高夫曼认为,人们的日常活动中就隐含或使用了某种特定的诠释框架,这一框架会在特定的行动场景下意义自明,使原本含糊的情境变得具有某种意义(潘忠党,2006:35—36)。加姆桑(Gammson)是另一位重要的框架理论研究者,他在高夫曼的基础上进一步将框架定义分为两类,一类是界限,包含了取舍的意思,即取材的范围;另一类是架构,即人们用以解释外在世界的依据(刘泽江,2006:25)。从这个角度看,框架概念可以被理解为一个动词和名词的复合体。作为动词,是对外部事实进行界限,并在心理上再造真实框架的过程;作为名词,就是形成了的框架(藏国仁,1999:33)。在学者潘忠党看来,框架的分析"是一个关于人们如何建构社会现实的研究领域"(潘忠党,2006:35—36)。

2. 框架理论在新闻传播领域的应用

高夫曼提出框架概念本身是为了阐述人们如何理解每天生活中发生的事件。但后来由于其所包含的社会学和心理学渊源，使其在协助人们思考或整理信息，以及分析人们意识形态或刻板印象的主要来源方面发挥出积极作用，因此，其他学者将这一概念引入新闻传播领域。沃尔特·李普曼（Walter Lippmann）指出："到达读者手中时，每份报纸已经是一系列选择的产物。"（沃尔特·李普曼，2007：208）对新闻报道使用框架理论进行分析，有助于揭示其中所包含的、被强调的元素，而运用好新闻框架则有助于记者按照现行的主流论调来撰写新闻报道，并对读者的实际理解进行塑造。

同一事件在不同国家媒体的报道中带给各自国家民众的是对事实的不同解读，使全世界人民对同一事件可能有成千上万种理解方式，这就是新闻框架的神奇作用。框架通过对新闻视角、新闻语境等予以限定，在传播新闻报道的过程中，向受众传递的不仅是事件的信息，更是各自所描述的事实和阐述的意见，这些对受众个体形成的观点有着不可估量的影响。在对外的国家形象构建中更是如此，媒体承担了绝大多数的信息传播任务，其所使用的新闻框架对民众所构建的国家形象有重大意义，从某种程度上说，甚至有决定性作用。

框架理论的上述作用使其在20世纪80年代以后，被引入大众传播研究，成为定性研究中的一个重要观点，逐渐受到国内外传播学者的重视并被愈益广泛应用。到20世纪90年代初期，框架的概念被正式应用于理解新闻的价值。1980年，美国学者首先将框架理论应用于对媒体内容的分析，此后，框架理论就成为媒体研究中一个颇受欢迎的方法。

学者黄旦在《传者图像：新闻专业主义的建构与消解》一书中，认为新闻生产本身就是一种社会性生产。在生产进行的过程中,新闻首先是一种社会制度,这是基于新闻本身的特性所作的判断。新闻是为新闻消费者制作的信息。消费者为了获取需要的信息,如阅读喜剧或桥牌专栏,了解天气预报,寻找正在放映的电影,阅读关于洪水或社会动乱的报道而购买报纸。其次,新闻是合法机构的同盟。不同于普通的男男女女,政府官员可以利用新闻媒介发表自己的观点或看法,实际上,一般市民都不拥有合法政治家和机构的这种把自己对新闻报道的反应变成政策和计划的权力。最后,新闻由特定组织机构中的专业从业者所发现、搜集并传递,因此,不可避免地会成为新闻从业者的产品,也就带上了从业者依赖于制度化,遵循制度化操作的色彩(黄旦,2005)。

从上述理论介绍可以看到,从个人角度出发,框架就是人处理信息的办法;从新闻传播角度看,框架理论就是利用框架进行研究的一种理论,这种"框架"不但存在于事件、报道中,甚至也存在于人的主观中,它会对人们的认识和看法产生极大的影响。新闻框架的存在不但对受众如何思考、如何处理或存储信息会产生影响,而且会将受众的注意力吸引到事实的某些方面,从而忽略其他方面。由此带来的结果是:长期狭隘的程式化报道给受众造成刻板印象,使其对世界的主观认知活动限制于某一框架内,而忽略框架外的世界。

框架的构建是在媒介和受众的互动中展开的,是新闻媒介对受众主观选择客观事实的介入。新闻报道在框架内"框限""选择"部分社会事实并进行主观"重组",受众以自己的认知结构为依据对事件进行主观解释,并对社会现实进行建构。在这一过程中,新闻媒介和受众必然都需要启动主观的诠释模式,通过"选择"以强调或省略事件中的某些方面。这种构建意义或转换符号意旨的主观策略,是新闻框架形成的主要依据(张克旭、臧海群、韩纲、何婕,1999:6)。因此,在对社会现实的建构中,同时存在两个框架,即新闻媒介的框架和受众个体的框架,且两者之间存在联系。新闻框架在向受众框架传达信息的过程中会对其产生影响,而受众框架也会根据情况来解读新闻框架,因此,在应用新闻框架理论进行新闻研究时,这两者的互相影响是需要考虑的因素之一。

3. 新闻框架研究理论在本研究中的应用

从某种角度上说,"框架"就是一种对意义进行构建的活动。在社会系统中,新闻框架是消息来源、社会情境、新闻工作人员等各因素互动的产物。在现有的关于新闻框架的研究中,形象研究、公共议题研究和报道的个案研究是受关注较多的选题。

展开研究时,对新闻框架的分析一般主要有三个范畴:话语,即文本为再现的体系;话语的建构,即框架建构的行动与过程;话语的接受,即框架所产生的效果及其心理机制,这些实际上就包括了新闻的制作、新闻的传播和新闻的理解三个过程(潘忠党,2006:27)。选择研究范畴时,可以参考吉特林(Gitlin)和恩特曼(Entman)的相关理论。吉特林认为框架是通过"持续不断的选择、强调和排除"而实现(Gitlin, 1980:7)。恩特曼进一步解释道"框架,即对感知现实某些侧面的选择,从而使得这些层面在传播文本中更为显著"(Entman, 1993:52)。也就是说,框架就是由传播者预存的立场和观点所选择、强调和呈现的原则,其目的在于告诉人们存在什么、发生什么以及什么重要,即最为核心的内容是所构建的文本。实际上,在框架可能存在的范围内,对文本的分析一直都是框架研究的核心内容之一。本研究也顺应这一趋势,将澳大利亚两大报纸涉华报道的文本作为研究的主要内容,并试图由此对影响新闻框架的因素进行探析,理解框架中所展现的某些选择性,进而归纳出澳大利亚纸媒涉华报道所采用的新闻框架类型,对框架所构建的中国国家形象进行解读,以对今后的外交策略等提出实践性的建议。

从研究类型上看,目前有关媒介框架的研究类型大致有四种:一是框架内涵研究,即对理论的探讨;二是研究媒介框架的来源;三是分析媒体报导内容的框架;四是探讨媒介框架对受众认知的影响(黄惠萍,2003:72)。本研究主要属于第三种类型,但对第二、第四种类型会有所涉及。

从研究领域来考察,则将框架理论应用于新闻媒体的研究,必然会涉及至少三个领域:第一,从新闻生产的角度来思考新闻媒体的内容框架如何被设置;第二,从内容研究的角度来分析新闻媒体的内容框架是什么,即媒体框架;第三,从效果研究的角度来探究受众如何接受和处理新闻媒体的信息,即受众框架。本研究将以第二领域为主,第一、第三领域为辅,通过对一些框架构成要素的分析,如"引用""举例""并列""视觉图像"等,进行涉华报道中的"中国国家形象"新闻框架分析。

自20世纪80年代以来,框架理论由于可以兼顾社会学、心理学及社会心理学等综合性研究的方式,愈来愈受到各国新闻传播学界的重视,特别是在对新闻媒体的研究上,应用广泛。本研究将主要应用该理论,在对澳大利亚媒体所构建的中国国家形象进行梳理总结的同时,对所采用的框架结构进行分析。新闻媒体对国家形象的构建至关重要。若只是依靠本国媒体的力量,想要实现将自己的声音传遍全球且被广泛接受的目标,可谓困难异常。只有制定出与国际通行的认知理念与思维方式相符的宣传策略,才有可能利用他国媒体作二次传播,在国际事务中取得更多的话语权,扩大本国的影响力,创造更好的国际环境。而框架的构建、传递和解读能对人们的真实认知行为产生极大影响,因此,框架理论在本研究中的应用在针对他国媒体的相关研究中具有积极意义。

(二)互文分析理论

诺曼·费尔克拉夫(Norman Fairclough)认为报纸提供的不同说法都是基于事件可以被直接、明确地表述出来,观点可以普遍化这一观念。这使媒介的意识形态作用得到巩固,在相当程度上致力于社会控制和社会再生产(Norman Fairclough, 1992:161)。这种对媒介作用和原理的阐释其实包含的是"互文"的思想。所谓"互文性"(Intertexuality,又称为"文本间性"或"互文本性"),就是说每一个文本都是其他文本的镜子,每一个文本都是对其他文本的吸收与转化,它们相互参照,彼此牵连,形成一个潜力无限的开放网络,以此构成文本过去、现在、将来的巨大开放体系和文学符号学的演变过程(赵一凡,1996:142)。这一概念首先由法国符号学家、女权主义批评家朱丽娅·克里斯蒂娃(Julia Kristeva)在其著作《符号学》(*Semeiotikè*)一书中提出。

互文理论的应用过程是对文本进行选择、组织,并结合自己的意图、想象甚至是虚构的内容不断进行取舍而构建新文本的过程。将其应用于新闻传播领域,则可理解为从新闻报道的文本出发,联系自己的认知理解对文本进行解读,结合外部事务的新情况进而形成新的文本。这是根据德国学者沃尔夫冈·伊瑟尔(Wolgfnag Iser)的"虚构行为"理论对互文性产生的分析(Wolgfnag Iser, 1993:1—21)。从中可以看出,已存在之观点是将形成之观点的基础,旧观点解读与新观点形成的过程已决定后续观点与前呈观点间虽有必然联系,但仍存在变数。

"互文性"承认任何文本都依赖于此文本与其他文本关系的特点决定了在研究新闻报道关系时,可以运用这一理论来探讨新闻篇章之间的联系;而解读读者在新旧观点间关键的联系作用则是考察媒体与读者间互动情况的基础。任何一篇新闻,就如同文本,是与其他文本互相影响互相联系着的,考察新闻篇章之间的关系就是考察媒体之间的互动,能揭示媒体背后利益集团的态度,相较于单一的国家形象构建研究,探究其形成的根源也是学者所应担负的任务,或者说是一项更为重要而有意义的任务。而在新闻传递的过程中,"解释者也是社会主体,具有特殊的、累积的社会经验,具有以社会生活的多重方面为不同定位方向的资源,这些变量决定和影响了他们解释特定文本的方式"(Norman Fairclough,1992:136)。也就是说,新闻媒介传递的信息在经过读者解读后就可能发生有悖于原意的转变,即读者眼中的"中国"与媒体构建的"中国"可能存在互动与差异。在澳大利亚读者/民众看来,中国国家形象又是如何?这种看法与新闻报道有何关系?这是本研究需要回答并探讨的问题之一。

(三)其他研究方法

除了上文提到的框架理论和互文分析的方法,为了尽可能客观翔实地进行澳大利亚主流报纸涉华报道的新闻框架搭建,避免以往国内研究过于宏观统一而缺乏细致的框架归纳,以及国外研究在普适性上的不足,本文还将综合运用其他研究方法,包括文献研究法、内容分析法、案例分析法、话语分析法、对比分析法等,在不忽略框架总体特征的基础上,对相关涉华报道中独特具体的新闻框架进行发现和构建。

1. 文献研究法

文献研究法主要指对文献进行搜集、鉴别、整理,继而通过对文献的研究形成对事实的科学认识,这是一种古老,却富有生命力的研究方法。本文利用该方法来总结目前国内外已有的关于西方媒体中涉华报道的重要研究,并归纳这些研究的结论及相关影响因素。这样做有助于在前期研究中,对已有研究的优点和不足有清醒的认识,了解国内外涉华报道研究中所运用的理论和方法,对下一步的研究具有积极的引导作用和警示意义。

2. 内容分析法

内容分析法是一种主要以各种文献为研究对象的方法,应用范围广泛。该方法通过将非定量的文献材料转化为定量的数据,并依据这些数据对文献内容作定量分析,继而对事实进行判断、推论,使对组成文献的因素或结构的分析更细致、程序化,是新闻传播领域的经典研究方法。本文运用内容分析法主要是为了对2007—2010年间《澳大利亚人报》和《澳大利亚金融评论报》中涉华报道的数量、主题分布等总体情况进行全面把握。

3. 案例分析法

案例分析法，又称个案研究法，由哈佛大学于1880年开发完成，最早被哈佛商学院应用于培养高级经理和管理精英的教育实践，后得到进一步发展，成为今天的"案例分析法"。从个别事件、某一类样本出发，对所折射出的具有普适性的特点进行研究分析。本文将运用此方法对《白皮书》、"热比娅"及"力拓案"这三个在政治安全、民族宗教和经济贸易领域的个案进行集中分析，从微观层面入手，探究涉华报道中所涉及的新闻框架。

4. 话语分析法

话语分析是指通过对传播活动中的各种符号、象征、文本及话语的剖析，透过表象，发现其中隐含的深层寓意与真实意图。话语分析法与框架分析法时常交织使用，其中的批判性话语分析法，在探究新闻背后的意识形态方面被运用得尤为突出。这一方法适用于本文的国家形象研究，通过运用该方法分析新闻语篇可以揭示意识形态对语篇的影响和语篇对意识形态的反作用，这为探究新闻中所蕴含的深层观点和态度提供了一个有效的方法。

5. 对比分析法

对比分析法是指通过对客观事物的比较，以达到认识事物的本质和规律，并作出正确评价的目的。通常是将两个相互联系的指标数据进行对比，用数据说明研究对象的规模大小、水平高低、速度快慢，以及各种关系是否协调。在国家形象的研究分析中，这是一种重要的研究方法，本研究将利用这一方法，通过以不同参数为标准，对两大报纸涉华报道的总体情况以及具体的个案报道进行对比，揭示事件或事件发展的本质情况及原因。

四、样本的获取

本研究利用的是 Factiva 全球新闻及公司数据库以及澳大利亚拉筹伯大学(La Trobe University)图书馆的微卷馆藏。Factiva 数据库最初是由道琼斯(Dow Jones)和路透社(Reuters)合作推出的全球领先的商业及新闻在线数据库,现已被道琼斯全资收购。该数据库目前被 84% 的 Fortune 500 公司使用,并且被全美前十大商学院一致采用,也是哈佛大学商学院最常使用的数据库之一。Factiva 收录了 1 500 余种报纸,涵盖了全球最权威报纸,可以做到即时回溯资料。当然,该数据库还收录了 3 200 余种期刊,其中包括许多全球著名的商业杂志,甚至还有电视台广播新闻稿以及通讯社的重要新闻,但由于这不是本研究的重点,此处不予赘述。

Factiva 数据库提供信息集成服务,每天要增加 50 多万篇文章或文件,每篇文章都要经过多种分类词表的标引,让用户可以更容易地找到想要的信息资源,并能对数据进行必要的分析,生成图表。

由于本研究所收集的样本资料在国内鲜有纸质版本的收藏,因此,信息全面及时的 Factiva 数据库是一个较为理想的选择。数据库允许用户通过关键词和专业的中文标签组合进行跨语种搜索,包括国家和地区标签、新闻主题标签、行业标签、公司标签等,以提高搜索结果的相关性和准确性。

澳大利亚拉筹伯大学图书馆的微胶馆藏是图片新闻可靠而全面的来源。基于这两类样本来源的结合,本研究可以说是对 2007—2010 年陆克文当政期间澳两大主流报纸《澳大利亚人报》和《澳大利亚金融评论报》涉华报道的一次全面、整体的搜索。

第二章

《澳大利亚人报》与《澳大利亚金融评论报》涉华报道的总体研究

《澳大利亚人报》与《澳大利亚金融评论报》是两份澳大利亚的全国性报纸,发行量大,读者众多,是澳大利亚人日常资讯的重要来源。两份报纸的主要读者群体都属于社会的较高阶层,对政府决策、社会倾向有很大影响。作为澳主流报纸的代表,这两份报纸对本研究非常重要。本章的目的就是利用内容分析和对比分析相结合的方法对两份报纸相关涉华报道的总体情况和特点进行归纳比较。

第一节 《澳大利亚人报》涉华报道的统计与概述

利用 Factiva 数据库,以 2007 年 11 月 24 日—2010 年 6 月 24 日为时间范围,以"China"为关键词,对《澳大利亚人报》进行搜索,得到 12 043 篇新闻报道,数量庞大。搜索到的文章除了国际版、经济版、社论专栏、体育版、文艺版等重点版面的内容,还包括简报及全国版、地区版和专题版面的内容。本次搜索非常全面和完整。

一、以时间为参考

对搜索结果以月为单位进行数量统计,可得到图 2.1:

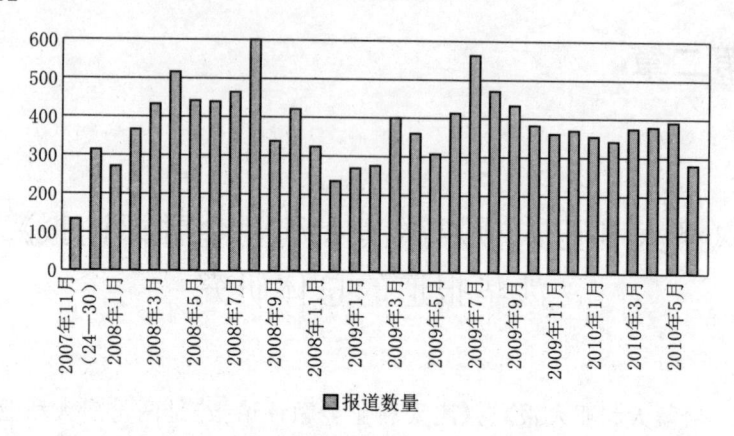

图 2.1 《澳大利亚人报》2007 年 11 月 24 日—2010 年 6 月 24 日涉华报道分布情况

资料来源:根据 Factiva 数据库所供数据整理绘制而成。

图 2.1 可见,陆克文执政的两年半里,涉华报道的数量多稳定在每月 300—400 篇,但其中,出现了几次小高峰和相对低谷。第一次高峰出现在 2008 年 4 月,这是陆克文正式访华,与胡锦涛主席会晤,并在北京大学用中文发表演讲的时间;第二次在 2008 年 8 月,这一期间北京奥运会在经历了一些波折后顺利举行;第三次在 2009 年 7 月,胡士泰(Stern Hu)等四名力拓员工,被上海市国家安全局刑事拘留,标志"力拓案"的正式开始。这三次高峰出现的时间都发生了对两国至关重要的事件,导致了报道数量一定程度的上升。这三大事件涉及政治、体育、经济等两国在多个方面的合作交流,既反应了《澳大利亚人报》作为一份综合性报纸的特点,也印证了中澳两国合作的广泛性。

2008 年底、2009 年初出现一次报道数量的低谷,这一时期两国关系在经历了 2008 年各种事件后趋于平缓。同时,以陆克文为首的澳大利亚政府正忙于发表排污交易计划,又称碳污染减排计划(Carbon Pollution Reduction Scheme,简称 CPRS),提出在 2020 年前将澳大利亚温室气体的排放量减排至低于 2000 年水平的 5%—15%。陆克文为此计划在国内寻求当时的反对党领袖——属于温和保守派的马尔科姆·特恩布尔(Malcolm Turnbull)的支持,澳大利亚媒体关注的焦点也有所转移,有鉴于此,这一时期中澳两国之间的互动相对减少。

总体而言,每月 300—400 篇的相关报道,数量颇多,曾有学者在对《纽约时报》进行涉华报道研究时称:"笔者利用上海图书馆中的《纽约时报》纸质版本对 2009 年的涉华报道进行了全面搜索,共搜索到 2009 年中与中国、中国人、台湾、香港等涉华内容相关的报道 583 篇。"(邵静,2011:24)也就是说,处于研究时间范围内的 2009 年,《纽约时报》一年的涉华报道量只有 600 篇不到,相较而言,《澳大利亚人报》每年的报道数量大得多。虽然两个研究遴选样本的标准可能不同,每篇报道中真正涉华的内容比例亦可能不同,但仍不能改变报道数量多的实际情况。可见,澳大利亚与中国的联系可能比一般所想象的更为紧密,从一个侧面证明了,澳大利亚媒体对中国国家形象的构建及两国关系的发展值得更多关注和研究。

二、 以新闻主题为参考

《澳大利亚人报》所有涉华报道所涉及的主题可分为四个方面:政治安全、经济贸易、社会体育、致编者信。根据样本中涉华报道的分布情况,可得表 2.1。

从统计结果可以看到,首先,政治安全、经济贸易是澳大利亚主流报纸涉华报道的重点,而经济贸易又是重中之重。这符合中澳关系最显著的一个特点,即中国是澳大利亚最大的贸易伙伴。澳大利亚外交贸易部(Department of Foreign Affairs and Trade)发布的《2016 年澳大利亚贸易组成》(*Composition of Trade Australia 2016*)报告显示,2016 年,中国仍是澳大利亚最大的贸易伙伴,保持

表 2.1 《澳大利亚人报》2007 年 11 月 24 日—2010 年 6 月 24 日
涉华报道主题分布情况

涉及领域	数　量	百分比
政治安全	4 331	35.96%
经济贸易	5 904	49.02%
社会体育	1 526	12.67%
致编者信	282	2.34%
合　计	12 043	100%

资料来源:根据 Factiva 数据库所供数据整理而成。

了自 2009 年以来的领先地位。据澳方统计,2016 年,中澳双边贸易额为 1 552 亿澳元(1 澳元约合 0.77 美元),占澳对外贸易总额的 23.1%,这一数额甚至超过了澳大利亚第二大贸易伙伴美国(双边贸易额:643 亿澳元)和第三大贸易伙伴日本(双边贸易额:610 亿澳元)的两国之和。

其次,在统计过程中,有一个比较特殊的类别——《致编者信》。这是《澳大利亚人报》的一个专栏,是读者与采编人员交流、发表自己看法的重要渠道。但读者真正想让自己的观点见诸报端,还需遵守不少规定,比如来信的内容要新鲜,须与近期热点相关,不得有侮辱性信息等。在归类时,由于每一整篇《致编者信》中包含了多封来信,但它们所关注的焦点、所发表的意见并不相同,难以将某一整篇的《致编者信》简单归入某一类别,故单列一项。但这一栏目所刊登的信息在了解澳普通民众对中国国家形象的看法方面有积极作用,因此,针对这一部分的内容,下文会另行研究。

第三,本研究的样本数量庞大,在将新闻报道进行具体分类的过程中,难免会受到研究人员的主观影响,越细化的分类越容易出现偏差。为了尽可能保证研究的客观性，只对新闻报道进行大类的划分，并未作进一步细化分类。因为这样的操作准确性更高，即使有不合适的分类，但由于数量比例小，不足以影响研究结果。后续研究将利用关键词搜索提取出相关的涉华报道进行集中和重点研究。

三、 以行业为参考

利用 Factiva 数据库自带的行业统计功能，可得到这一时期提及最多的 20 个行业，见图 2.2：

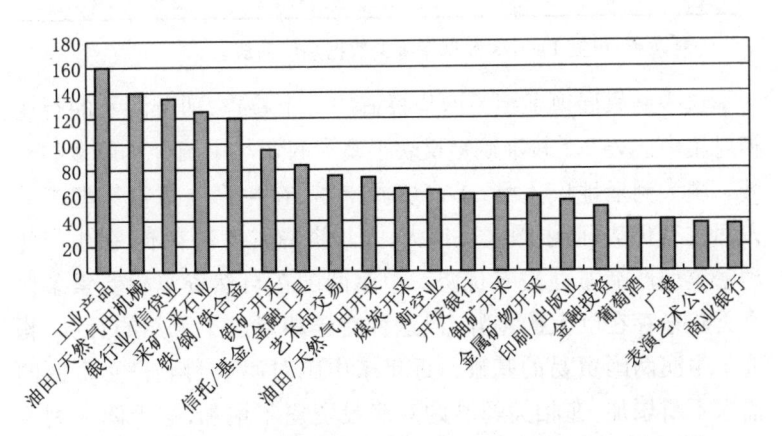

图 2.2 《澳大利亚人报》2007 年 11 月 24 日—2010 年 6 月 24 日涉华报道中提及最多的 20 个行业

资料来源：根据 Factiva 数据库所供数据整理绘制而成。

将这 20 个行业根据所属领域进一步整合，如油田/天然气田机械、采矿/采石业、铁矿开采、油田/天然气田开采、煤炭开采、铀矿开采及金属矿物开采都属于自然资源开发领域；银行业/信贷业、信托/基金/金融工具、开发银行、金融投资及商业银行等都属于金融领域。整理以后，可得表 2.2：

表 2.2 《澳大利亚人报》2007 年 11 月 24 日—2010 年 6 月 24 日涉华报道中行业所涉及的领域分布情况

排名	涉及领域	报道数量
1	自然资源开发	727
2	金融	411
3	艺术传播	205
4	工业产品	160
5	航空	63
6	食品	40

资料来源：根据 Factiva 数据库所供数据整理而成。

这一结果展现了相关涉华报道的一个特点，即所涉及的行业相对集中。表 2.2 较准确地反映了澳大利亚与中国合作最多的领域。澳大利亚地广人稀，矿产资源丰富，在生产土地密集型产品方面较有优势；而中国人口庞大，人均资源占有量有限，在生产劳动密集型产品方面较有优势。中澳两国在自然资源和要素条件上看起来存在巨大的差异，但这种差异却形成了天然的互补，构成了中澳两国贸易的基础。近年来中国对澳大利亚自然资源的需求不断增加，在相关领域的对澳投资逐年增加，这于澳大利亚既是发展经济的契机，但同时也引起了一些"中国欲控制澳大利亚战略资源"的担心。虽然两国合作不断加深，但两国关系却似乎并没有随之越走越近，这种反差下文会进行详述。

图 2.3 亦可作为中澳合作领域高度集中的佐证。

图 2.3 可以清晰地看到这十家公司几乎全部都是与金融或自然资源相关的企业，钢铁企业尤其引人注目，相关报道的数量呈压倒性领先，而这一显著的增长和变化趋势发生的时间正是在陆克文当政前后。这一现象的发生及其所产生的影响将在下文进一步讨论：中国与澳大利亚在自然资源领域的合作究竟给中国的

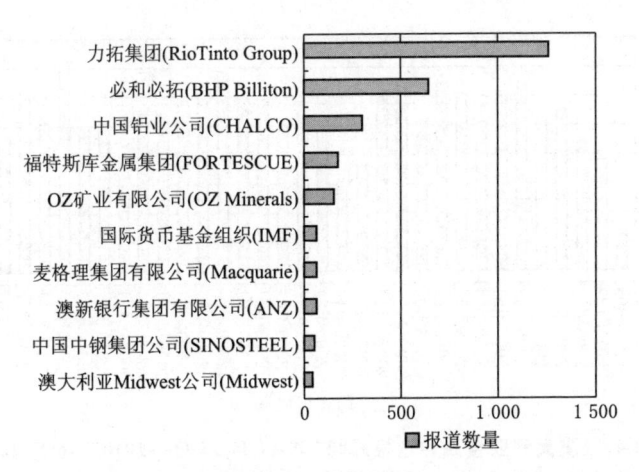

```
力拓集团(RioTinto Group)        ████████████████
必和必拓(BHP Billion)            ████████
中国铝业公司(CHALCO)            ████
福特斯库金属集团(FORTESCUE)    ██
OZ矿业有限公司(OZ Minerals)     ██
国际货币基金组织(IMF)            █
麦格理集团有限公司(Macquarie)   █
澳新银行集团有限公司(ANZ)       █
中国中钢集团公司(SINOSTEEL)    █
澳大利亚Midwest公司(Midwest)   █
                   0    500   1 000  1 500
                        ■报道数量
```

**图 2.3 《澳大利亚人报》2007 年 11 月 24 日—2010 年 6 月 24 日
涉华报道中提及最多的十家公司**

资料来源:根据 Factiva 数据库所供数据整理绘制而成。

国家形象带来了怎样的影响？中澳两国的关系有何变化？这一切又与陆克文总理有何联系？

第二节 《澳大利亚金融评论报》涉华报道的统计与概述

《澳大利亚金融评论报》是被作为研究对象的另一份澳大利亚全国性报纸,同样利用 Factiva 数据库,以 2007 年 11 月 24 日—2010 年 6 月 24 日为时间范围,以"China"为关键词进行搜索,共得到报道 8 683 篇,数量较《澳大利亚人报》虽有所减少,但依然庞大。同样以时间、主题、行业为参数,进行初步综合分析。

一、 以时间为参考

对搜索结果进行统计,可得到图 2.4:

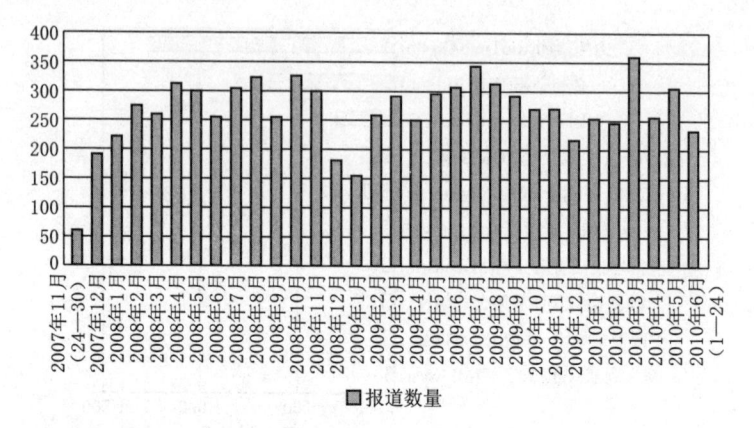

图 2.4 《澳大利亚金融评论报》2007 年 11 月 24 日—2010 年 6 月 24 日
涉华报道分布情况

资料来源:根据 Factiva 数据库所供数据整理绘制而成。

从图 2.4 可以看到,相对于《澳大利亚人报》,《澳大利亚金融评论报》每月涉华报道数量稍少,数量波动略小。在一般情况下,每月的涉华报道数量在 200—300 篇之间,一个最为突出的高峰出现在 2010 年 3 月,"力拓案"涉案人员胡士泰、王勇、葛民强、刘才魁四人正是在这一时间因涉嫌商业间谍罪,由上海市第一中级人民法院开庭审理,并作出一审判决。另一个月报道量超过 300 的小高峰在 2009 年 7 月,即"力拓案"涉案人员胡士泰等四人被拘捕的时间;另有两次大事件亦引起报道数量一定程度的上升:2008 年 4 月陆克文访华及 2008 年 8 月北京奥运会举行。此外,2008 年 10 月也出现了一次小小的上升波动,这是《澳大利亚人报》的涉华报道在时间分布上所没有出现的小高峰。这期间,澳大利亚经历了一次经济动荡,澳股市以狂泄的姿态结束了惊心动魄的一周交易,当日跌幅超过 8%,市值一日之内蒸发 1 060 亿澳元,引发广泛的担忧和关注。在这种情况下,对澳大利亚经济无论是进行分析还是预测,都绕不开"中国",由此,可以推测这一次的报道数量波动很可能是在澳大利亚本土经济动荡发生后,澳各方在寻求解决方案时,将澳大利亚经济与"中国"相联系引起的。

作为经济金融领域的重要报纸,《澳大利亚金融评论报》是商业、金融和投资新闻的权威,曾屡获殊荣,声誉卓著,是澳商界和投资界人士的必备读物。这样定位的一份报纸自然会对经济金融市场高度关注。中澳经济金融市场发生任何事件或动荡,该报涉华报道的数量必然会发生波动,则2008年10月的市场动荡与2009年7月、2010年3月的"力拓案"所引起的报道数量变化在情理之中;而报道数量的低谷,同样出现在2008年底和2009年初,可能与澳大利亚国内关注的焦点转移有关。

二、以新闻主题为参考

按之前的标准,将《澳大利亚金融评论报》中的涉华报道分为政治安全、经济贸易、社会体育三大领域。根据样本中涉华报道的分布情况,可得表2.3:

表2.3 《澳大利亚金融评论报》2007年11月24日—2010年6月24日
涉华报道主题分布情况

涉及领域	数　量	百分比
政治安全	1 976	22.76%
经济贸易	6 582	75.80%
社会体育	125	1.44%
合　　计	8 683	100%

资料来源:根据Factiva数据库所供数据整理而成。

可见,经济贸易类新闻占绝对多数,比例高达四分之三,与综合性报纸《澳大利亚人报》不同,《澳大利亚金融评论报》是澳大利亚一份主要的财经类报纸。了解这一背景,有助于理解表2.3所显示的经贸类新闻占压倒性数量优势的情况。

《澳大利亚金融评论报》同样有《致编者信》栏目,但与《澳大利亚人报》不同,该报的《致编者信》基本一篇刊登一封读者来信,可以根据所涉及的主题进行归类,因此,此处未单列。

三、以行业为参考

继续利用 Factiva 数据库自带的行业统计功能对该报涉华报道中所涉及的行业进行统计,可看到行业分布亦相对集中,见图 2.5:

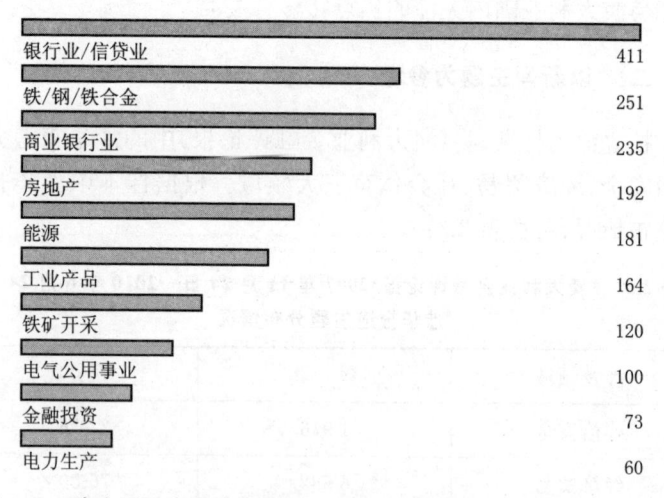

行业	数量
银行业/信贷业	411
铁/钢/铁合金	251
商业银行业	235
房地产	192
能源	181
工业产品	164
铁矿开采	120
电气公用事业	100
金融投资	73
电力生产	60

图 2.5 《澳大利亚金融评论报》2007 年 11 月 24 日—2010 年 6 月 24 日涉华报道中提及最多的行业

资料来源:由 Factiva 数据库自带的行业统计功能而成。

能源、金融领域受到最多关注,此外,报道涉及较多的还有房地产和电气相关的行业。利用 Factiva 数据库自带的公司统计功能,制作图 2.6:

第二章 《澳大利亚人报》与《澳大利亚金融评论报》
涉华报道的总体研究

必和必拓(BHP Billiton)
力拓公司(Rio Tinto)
力拓股份有限公司(Rio Tinto PLC)
力拓集团(Rio Tinto Group)
中国铝业公司(CHALCO)
福特斯库金属集团(FORTESCUE)
麦格理集团有限公司(Macquarie)
OZ矿业有限公司(OZ Minerals)
伍德赛德石油公司(Woodside Petroleurn)
西农集团(Wesfamers Ltd)

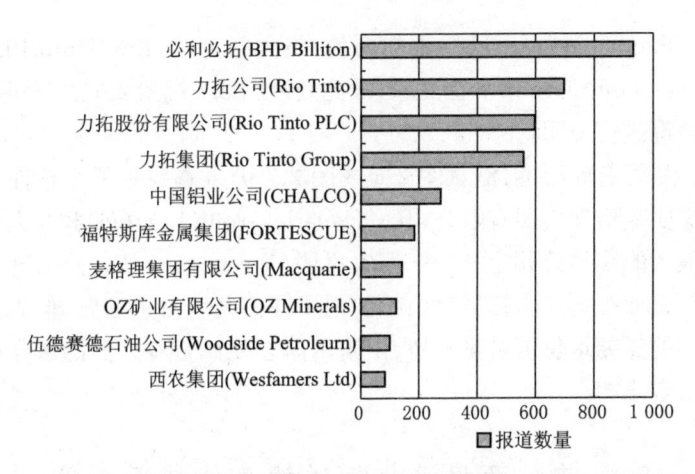

0 200 400 600 800 1 000
□报道数量

图 2.6 《澳大利亚金融评论报》2007 年 11 月 24 日—2010 年 6 月 24 日
涉华报道中提及最多的十家公司

资料来源:根据 Factiva 数据库所供数据整理绘制而成。

图 2.7 是 Factiva 数据库统计制作的原图。

必和必拓集团	939
力拓公司	707
Rio Tinto PLC	601
Rio Tinto Group	567
中国铝业股份有限公司	277
Fortescue Metals Group Ltd	188
Macquarie Group Limited	144
OZ Minerals Limited	123
Woodside Petroleurn Ltd	102
Wesfarmers Ltd	86

图 2.7 《澳大利亚金融评论报》2007 年 11 月 24 日—2010 年 6 月 24 日
涉华报道中提及最多的十家公司

资料来源:由 Factiva 数据库自带的公司统计功能而成。

Factiva 进行统计时,不知为何,将力拓公司、Rio Tinto PLC 及 Rio Tinto Group 分为三家,故此处以图 2.7 对图 2.6 的公司列举情况进行说明。

尽管有此疑惑,但从图 2.6 或图 2.7 仍可看到除了全球性金融集团麦格理集团有限公司(Macquarie Group Limited)和澳大利亚最大的零售公司之一——西农集团(Wesfarmers Ltd)外,其他均是矿业公司。力拓虽然由于使用不同的名字占了三席,但矿业公司的重要地位仍可见一斑,中澳两国在能矿资源方面的合作确实不容小觑。

第三节 两报涉华报道的总体情况比较

从上面对《澳大利亚人报》和《澳大利亚金融评论报》涉华报道分别进行的总体统计和分析,可知,两份报纸在涉华报道上各有侧重和特色。根据两报相关报道的分布时间,得到图 2.8:

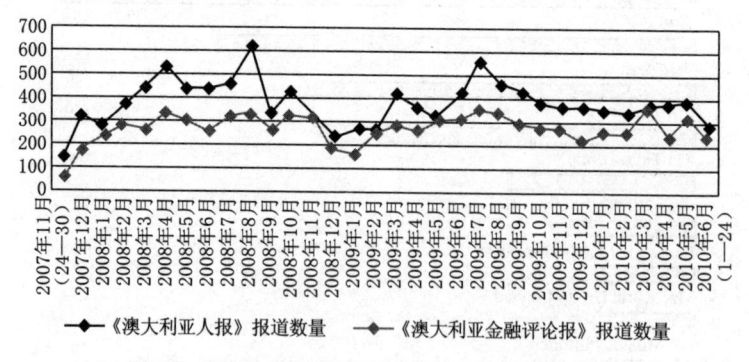

**图 2.8 《澳大利亚人报》和《澳大利亚金融评论报》
2007 年 11 月 24 日—2010 年 6 月 24 日涉华报道数量对比**

资料来源:根据 Factiva 数据库所供数据整理绘制而成。

首先,两份报纸数量曲线的变化虽有差别,但总体趋势相近。这反映了两报在涉华新闻报道中的所关注的事件较为统一。另

第二章 《澳大利亚人报》与《澳大利亚金融评论报》涉华报道的总体研究

外,与《澳大利亚金融评论报》不同,《澳大利亚人报》的《致编者信》虽被单列一项,但由于该栏目报道数量有限,比例低,对此处的两报总体比较不会产生大的影响。

其次,《澳大利亚人报》在涉华报道的数量和数量波动上都大于《澳大利亚金融评论报》,这反映了前者作为一份综合性报纸,报道所涉及的方面更全,而《澳大利亚金融评论报》作为一份专业的财经类报纸,对经济方面更为关注。在后续对涉华报道框架进行构建时,根据两报的这一特点,政治安全和民族宗教方面的涉华报道框架主要参考《澳大利亚人报》,而经济贸易方面的涉华报道框架则主要参考《澳大利亚金融评论报》。另外,在对国家形象构建及其原因进行比较分析时,则选择两份报纸都相对重视的事件作为研究对象。

第三,基于第二点的补充说明,《澳大利亚人报》对政治或国际事件的关注度远大于《澳大利亚金融评论报》。这也是 2008 年 4 月和 8 月《澳大利亚人报》涉华报道数量波动大,而《澳大利亚金融评论报》在同一时期数量相对稳定的主要原因。另外,两报都比较关注"力拓案",但可以看到它们的关注点并不完全相同。《澳大利亚人报》似乎对于事件本身及其发展更有兴趣,如 2009 年 7 月涉案人员的被捕等,而《澳大利亚金融评论报》则在后期发表了更多的评论报道,更关注事件对两国经济合作的影响及可能的发展趋势。可见,两报在构建中国形象的入手点上各有侧重,这可能与两报的办报宗旨有关,但对本研究来说,这样的关系恰好有利于构建更为完整的中国国家形象及相关涉华报道所采用的新闻框架。下文将以"力拓案"为案例,进行两报所构建的中国国家形象对比。

上文是基于两份报纸涉华报道的基本总体情况所作的分析和总结。但就构建一个立体丰满的国家形象,尚有很大欠缺。个案研究的补充是最佳选择,只有总体和个体的有机结合,才能真正得出客观具体的研究结果。在下面的研究中,将分别就《澳大利亚人报》中政治安全领域和民族宗教领域代表性个案及《澳大利亚金融评论报》中经济贸易领域代表性个案的相关报道所展现的中国形象进行研究。

第四节 本章小结

本章主要整理《澳大利亚人报》和《澳大利亚金融评论报》这两份澳大利亚全国性报纸涉华报道的总体情况,在统计报道的时间分布、主题分布与主要涉及的行业后,发现两份报纸的报道分布曲线比较相近,但也各有侧重。

首先,这一部分的研究较为清晰地展示出中澳两国间最受媒体关注的方面。两国在多个领域展开合作,最受关注的当属经贸领域,不论是综合性报纸还是财经类报纸,经贸领域的涉华报道数量都远超其他领域,尤其是能源方面。

其次,两报自身的特点决定了它们的关注点必然有所差异,这为后续研究指明了方向。下文将通过对《澳大利亚人报》关于《白皮书》及"热比娅"事件的涉华报道分析,构建政治安全与民族宗教领域的中国形象,并分别建立相关新闻报道的框架;再通过对《澳大利亚金融评论报》关于"力拓案"的涉华报道分析,构建经济贸易领域的中国形象,并由此对中国资本在澳大利亚投资所遇到的尴尬局面进行原因分析,对陆克文在两国关系里所扮演的角色和所起的作用进行研析。

这一部分的总体情况研究虽未能提供更多的细节信息,但却是后续研究的基础,亦十分重要。

第三章

《澳大利亚人报》涉华报道的个案分析

从上文的分析已知,《澳大利亚人报》对政治安全、经济贸易、社会体育等各方面的涉华报道均有所涉猎,并由于其综合报刊的特点,在各方面的报道数量分布相对于《澳大利亚金融评论报》要平均。

本章以《2009年澳大利亚国防白皮书》(*the Defence White Paper 2009*)发布及"热比娅"(Rebiya Kadeer)事件为例进行个案分析。《白皮书》的发布是政治安全领域的代表性事件,该事件在陆克文执政时期曾一度引发中澳两国关系的紧张。为了准确了解在该事件中,中国国家形象及涉华报道的新闻框架如何被构建,需要运用框架理论来考察新闻报道如何选择并重组事实,其中包含了怎样的主观诠释。只有回答好这些问题,才能了解在新闻框架的影响下,受众的注意力被吸引到事件的哪些方面,会形成怎样的刻板印象,由此对中国国家形象的构建产生什么影响。本章从"并列国家""高频短语"及"媒体态度"三方面进行中国国家形象构建,并以重要性、新闻立场及中国情绪几个方面为基础对新闻框架进行分析。

在民族宗教方面选择"热比娅"事件,以同样的理论方法,进行中国国家形象构建与报道框架分析。这里"热比娅"事件并非独立存在,而是包括"新疆7·5事件""墨尔本电影节"及"澳政府给热比娅签证"等的系列事件。2009年7月5日,在新疆乌鲁木齐发生严重的暴力犯罪事件,造成众多无辜群众和一名武警被害,大量群众和武警受伤,多部车辆被毁,多家商店被砸被抢,这一恶性事件被称为"新疆7·5事件"。事件发生后不久,墨尔本电影节放映介绍民族分裂分子"热比娅"的纪录片并邀请她出席,而澳大利亚政府则给予热比娅访澳签证。这一系列事件,都与热比娅密切相关,为了叙述的便利,故统称为"热比娅"事件,特此说明。

第一节 《2009年澳大利亚国防白皮书》相关涉华报道的中国国家形象分析

陆克文在2007年11月24日赢得大选,成为澳大利亚总理。时隔一年半,2009年5月初,才姗姗来迟地公布了《2009年澳大利亚国防白皮书》。这份《白皮书》的发布引起了普遍关注,原因是,书中在详细分析了澳大利亚的国防战略环境、军队建设和防务政策,向人们展示澳大利亚的战略利益观之后,明确表达了对中国军力发展的担忧,被一些媒体炒作为"中国威胁论"。澳大利亚国内媒体对这份《白皮书》是怎样的看法?在他们看来,中国与澳大利亚的关系以及中国在这方面的国家形象又该怎样描述?为了回答这个问题,笔者对陆克文当政期间《澳大利亚人报》的所有文章进行了搜索和过滤,共得到188篇与"中国"和《白皮书》相关的报道。

《2009年澳大利亚国防白皮书》发布于2009年5月2日,这188篇文章中,有110篇发表于这一天或以后,另有78篇发表于这一天以前。《白皮书》发表前后的报道数量差异不算特别大,可见,在《白皮书》发表前,就已获得媒体的广泛关注。

一、与中国并列出现的国家

首先,整理这些报道中与中国并列出现的国家和地区,因为与哪个国家或地区同时提起,往往表明这两个或几个国家和地区之间有某种潜在的联系。这种关系可能是并列联合,可能是对立竞争,也可能是作为对比,但无论哪种关系,都可作为一个国家形象的参考。为了解澳大利亚媒体对中国国家形象的构建情况,笔者对《白皮书》相关报道中,与中国同时出现的国家与地区以一篇新闻为单位进行统计。由于篇幅限制,同时,出现频率少的国家和地区影响力较小,因此,这里只列出了与中国同时出现频率最高的十个国家和地区,见表3.1:

表3.1 《澳大利亚人报》2007年11月24日—2010年6月24日《白皮书》相关报道中与中国同时出现最多的十个国家和地区

序号	国家和地区	出现篇数
1	澳大利亚	177
2	美 国	112
3	印 度	61
4	日 本	48
5	印度尼西亚	30
6	中国台湾	25
7	英 国	21
8	俄罗斯	20
9	巴基斯坦	14
10	新加坡	14

资料来源:根据Factiva数据库所供数据整理而成。

由于是关于"澳大利亚国防白皮书"的报道,澳大利亚出现频率最高并不让人意外。其后的九个国家和地区中,美国、英国不在亚洲,俄罗斯横跨欧亚两大洲,其他六席都被亚洲国家和地区所占,反映了中国与亚洲国家之间密不可分的联系。英美两国是西方国家的代表,而俄罗斯则较为特殊,其在地缘上与中国联系密切,不属于西方发达国家。

通过列举与中国同时出现的国家和地区,确定中国与亚洲各国之间关系密切,但为了进一步细化中国国家形象,必须了解中国与这些同时出现的国家和地区间究竟有怎样的联系。除去媒体所在国——澳大利亚,与中国并列出现频率最高的其他国家和地区中,综合考虑出现频率、地域及代表性这三大因素,美国、印度、日本三国值得重点关注。下面就对中国与这三个国家的并列关系中所展示的中国国家形象进行分析。

(一)中国与美国

中国与美国并列出现的频率仅次于澳大利亚,位居第二,两国关系从相关涉华报道上来看,颇为不善。

首先,美国作为澳大利亚盟友,出现几率很高,报道在表述澳美关系时经常使用"alliance/ally"(联盟)或"partnership"(伙伴),同时还可看到美国是占据主导地位的盟友,"lead"(领导)"US-led"(美国为领导)常被用于进一步形容这种盟友关系。

但在形容中美关系时,情况却不同。"……, China will acquire 500—600 advanced fighter bombers over the next 30 years and is expected to surpass the US as the leading air power in East Asia."("在未来 30 年中,中国会获得 500—600 架先进战斗轰炸机,会在东亚一带拥有超过美国的空中实力。")"China has quietly been turning its navy into a serious blue water threat to the US."("中国正悄悄地将其海军打造成美国的蓝色威胁。")"China already had the potential to challenge US power in Asia."("中国已经具备在亚洲挑战美国的潜力。")诸如此类对中美关系进行描述的句子中,常见以"surpass(超越)、threat(威胁)、challenge(挑战)、weak[(伙伴关系)薄弱]、questioned(质疑)、wary(警惕)、confront(面临)"等词表达中美间的互动关系,整体感觉是:在美国面前,中国日益强大且逐渐形成威胁。

美国是一个世界大国,实力雄厚,是澳大利亚的传统盟友,处于领导地位,而中国在与美国同时出现的情况下,国家形象强大,且可能会对已有的秩序形成挑战。虽然描写的是中美关系,但由此可知,中国在澳大利亚媒体眼中并不友好和善,传达的是一种不安和威胁的信号。

(二) 中国与印度

中印两国都是亚洲的发展中国家,亦是人口大国,有很多相似之处。虽是邻国,两国关系却并非亲密无间,边界争议、地缘政治、产业竞争都可能是双方产生贸易、外交摩擦的原因。与前面中美两国较为强烈的对立状态相比,在澳大利亚媒体眼中,中印关系如何?中国国家形象又如何?

在直接对中印两国关系进行描述的文本中,有几类不同的呈现方式:

第一种,单纯并列,如"While continuing the development of an indigenous nuclear submarine capability, China and India are modernising their diesel-electric submarine fleet."("随着本土核潜艇实力的不断发展,中国和印度正使它们的柴电潜艇实现现代化。")这是由于中国和印度在某些方面具有相似性,因此,在对一些问题进行研讨时,会同时提到两国。

第二种,类比并列,这种并列或是被用以显示中国的强大,如"India alone has 16 diesel and nuclear-powered boats in service already and more are being built. China has more than 60 submarines and Russia's Pacific fleet boasts a further 22."("仅印度就有 16 艘柴油核动力潜艇在服役,并在不断制造中。中国拥有超过 60 艘潜艇,俄罗斯太平洋艇队则还要多 22 艘。")或是被用以显示印度的崛起,如"What's more, in important respects India's economic prospects appear more favourable. Unlike China, whose population is ageing, more than half of India's population is under 25."("另外,重要的是印度的经济前景似乎更繁荣。与中国人口老龄化趋势不同,印度人口的一大半都在 25 岁以下。")两国都是正在迅速崛起的亚

洲大国,被第三国媒体作为互相比较的对象亦在情理之中。这是将两国国情的类比作为基础的并列,但目的是通过比较显示出某一方的优势,而不是简单的举例。

第三种,竞争并列,即将中印两国在世界或亚洲范围的地位或实力一较高下,如"That India, which has all three, is now beginning to challenge China as the world's most dynamic economy makes the point."("印度正在开始挑战中国的世界最具活力经济体地位。")在这种并列情况下,由于是两国现有地位高低的比较或对未来实力发展的预测,中印间有一定竞争色彩。

综合上面的三种呈现方式,在中印两国并列出现的情况下,澳大利亚媒体所塑造的中国国家形象比较复杂,甚至有些矛盾。既有发展强大也有不如往日,既有领先也有受到挑战。可见,在澳大利亚媒体看来,中国虽日渐强大,发展迅速,但不可否认,中国也处于一个充满竞争的环境中。

(三) 中国与日本

中日两国可谓渊源深厚,地缘上日本离中国很近,历史上日本曾受中国的巨大影响,向中国学习,也曾侵略过中国。中国人民对日本的感情非常复杂,既有钦佩也有厌恶,既有喜爱也有憎恨。但在第三国的澳大利亚媒体眼中,拨去这层层的情感,中日两国是怎样的关系?中国又是怎样的形象?

仔细阅读澳大利亚媒体对中国和日本进行描写的文字,可以发现:

首先,澳大利亚媒体承认中国和日本是亚洲两个非常重要的国家,在亚太地区具有话语权,是亚太地区的重要构成。

其次,澳大利亚媒体在谈论中日两国的军备情况时,态度截然不同,这也是更值得关注的一点。"But Japan and India are democracies and threaten nobody."("但是日本和印度是民主的而不会威胁任何人。")在澳大利亚媒体的评论中,日本是一个民主而不具备威胁的国家。"In North Asia, China's defence spending has grown fourfold over the past decade, increasing from 0.9 per cent of GDP to at least 1.5 per cent. By contrast, Japan and Taiwan's defence budgets have declined in recent years, both as a percentage of GDP and as a percentage of government spending."("在北亚,中国的国防开支在过去几十年增加了四倍,从GDP的0.9%上升到至少1.5%。与之相对,日本和台湾的国防预算在近年都有所减少,不论从GDP的占比还是政府开支的占比来看。")在国防开支方面,与中国大幅提高相反,日本在不断削减预算,表现让人感到放心。"Australia joined the US and Japan in expressing concern at a Chinese ballistic missile test that destroyed a weather satellite launched in 1999."("中国在1999年的弹道导弹测试摧毁了一颗气候卫星,澳大利亚与美国、日本一起对此表示担心。")日本是与澳大利亚一同对抗中国的盟友,是遏制中国区域称霸野心的重要力量。在上述这些报道中,日本作为一个重要的亚洲国家,虽然实力强大,但在国家制度、军事实力上毫无野心,俨然是澳大利亚一个可信任的伙伴;而中国则在其对立面,发展迅速,国防开支增加数倍,且有继续扩张,做地区霸主的可能。面对中国这个潜在的威胁,澳大利亚媒体认为,日本与美国、印度一起是能克制中国的主要力量。"If China attempts to do so it will be opposed by a formidable coalition of important powers including Japan, India and the US."("如果中国想地区称霸,它会受到包括日本、印度和美国这些重要大国在内的联盟的反对。")总之,相较于具有威胁性而让人担忧的中国,日本的形象无害而可信赖。

从上述分析可知,澳大利亚媒体对中国与日本的看法恰好形成对立:新兴国家 VS 老牌强国、军事扩张 VS 军事克制、欲掌握控制权 VS 民主无威胁。在中日两国同时出现的情况下,日本的形象强大民主且可靠无威胁,中国则是一个不断扩张且充满野心的新兴国家,澳大利亚媒体所传递的这种观点对中国国家形象的构建不利。

(四)美国、印度、日本三国对中国国家形象构建框架的影响

根据上面的分析结果,将中美、中印和中日三组两国关系制成图表进行表示,可得到图3.1:

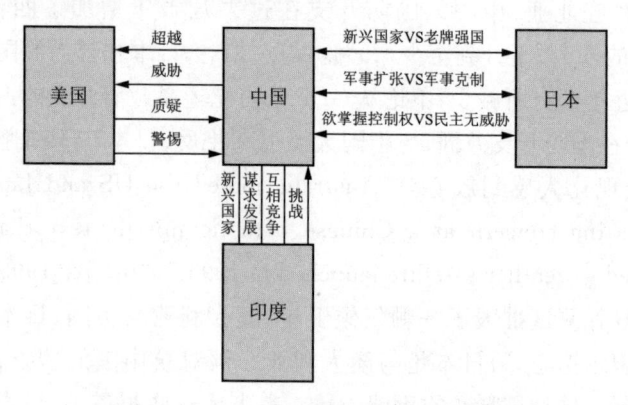

图3.1　中美、中印、中日三组国家关系图

综合这张中美、中印、中日的关系图所展示的中国国家形象,可以看到:第一,中国是一个迅速崛起的新兴国家,实力发展已对美国形成挑战;第二,中国发展的势头不减,且充满野心,欲掌握更多的控制权,让传统强国感到威胁;第三,中国所处的环境充满竞争,不仅受到同为新兴国家的印度的挑战,也面临近邻日本的压制。

二、高频短语分析

在对某类人或事进行描述时,使用频率最高的短语往往获得的认同度最高,也最能反映这类人或事的特点,即所谓"高频短语"。通过对这188篇报道的统计,得到用于描述中国的高频短语,以此入手,可以看到由这些描述所构建的中国国家形象。

首先,在相关报道中出现频率最高的短语有四类:

第一类,描述中国现有的实力或地位,如 leading air power, major power, regional military leadership, a benign power, a mid-ranking power。

第二类,描述中国实力的不断发展和崛起,如 relentless rise, rising major power, inexorable rise, rising power, robust growth, emerging economics, growing economic might, further large rises, the slow steady rise, status quo power, growing power。

第三类,描述中国的军备扩张和军事实力增强,如 largest military spender, a long-term military expansion, robust military expansion, rapidly growing military power, steady military build-up, military expansion。

第四类,描述中国未来可能的发展情况,这类描述往往隐含了澳大利亚媒体的态度,即虽然在安全上对中国的发展表示忧虑,但在经济上承认中国对澳大利亚的重要性,如 the only meaningful backdrop, the hidden strategic conundrum, a future regional hegemon, a very effective partnership, increasingly ambiguous, little threat, not a big threat now, the greatest strategic danger, a larger primary threat。

这四类短语无论哪一类,其核心意思都包含"发展"和"崛起":中国的军队在发展崛起,中国的经济在发展崛起,中国的各方面都在不断发展崛起。这些短语虽然表达形式多样,且所属报道中欲表达的对现阶段中国实力或未来中澳关系发展的看法可能相左,但其相通之处在于承认中国的"growing"(成长)和"rising"(崛起)。

其次,这些短语对中国实力的评价有差异。比如,虽然都说中国是一个"power"(强国),但并非所有的观点都认为中国是一个"leading power"(领导国家)。既有观点认为中国是一个初级水平大国,也有观点认为是地区强国或中等实力大国。可知,在澳大利亚媒体眼中,中国是一个有实力的国家,但实力还未如美国一般得到普遍认可。

第三,澳大利亚媒体对中国的态度有差异。一种认为目前中国是威胁,这种观点的基础是中国目前已有的强大实力;另一种认为目前中国虽还未构成威胁,却是未来的潜在威胁,这是基于中国的迅速发展与崛起所作的判断。但两种观点的一致之处在于,无论是基于哪个观点,都要求澳大利亚政府为了本国的国家安全和利益,从现在开始就充分重视"中国"的情况,谨慎选择合适的立场,同时,注重发展自己的实力。虽然中国一直宣称自己是"peaceful force"(和平的力量),但从澳大利亚媒体的报道看,他们并没有接受这一观点,在他们眼中,中国这个近邻现有的发展与崛起态势虽让人期待,却也让人忧虑。

三、中澳媒体对《白皮书》的态度比较

从上面中国与美国、印度、日本三个国家分别并列出现时所构建的国家形象来看,澳大利亚媒体眼中的中国让人颇有些不安。2009年5月2日,澳大利亚政府颁布了姗姗来迟的《2009年澳大利亚国防白皮书》,在中澳两国引起了不同的反响。

以2009年5月2日—2009年5月9日,《白皮书》发布一周的时间为限,利用搜索引擎"百度"进行相关新闻的搜索,在中国新闻媒体上得到的结果惊人一致,去除重复的新闻后,共有九条,标题如下所列:

1.《澳大利亚公布新国防白皮书　渲染中国威胁》
2.《澳大利亚公布新国防白皮书　将花数千亿加强军备》
3.《澳投入巨资扩充军备　国防白皮书渲染中国威胁》
4.《专家称澳大利亚国防白皮书将中国作为对手》
5.《澳白皮书渲染"中国威胁论"》
6.《说中国将成亚洲军力首强　澳新〈国防白皮书〉为扩军铺路》

7.《外交部:有关国家应客观看待中国军事现代化》

8.《澳报:澳国防白皮书谨慎对待中国》

9.《澳国防高官称澳像猫头鹰一样精明应对中国》

从报道角度来看,这些标题基本可分为两类,一类认为澳大利亚的《白皮书》渲染中国威胁,欲增强澳军备实力,如标题1—6及9;另一类呼吁澳方以谨慎客观的态度对待中国,如标题7、8。但不论哪一类,中国媒体都认为澳大利亚的《白皮书》是对"中国威胁论"的渲染,这些标题在一定程度上表达了中国媒体一致的"不满"和"抗议",差别仅在于表达形式上有些比较直接而有些则相对克制。

相对于中国媒体的反应,澳大利亚媒体的态度如何?同样以2009年5月2日—2009年5月9日,《白皮书》发布一周的时间为限,对《澳大利亚人报》进行"China"(中国)与"Defence White Paper"(《白皮书》)的相关新闻搜索,一共得到17篇不重复的报道,新闻标题如下:

1. *PM's push for missile supremacy*(《总理推动提升导弹实力》)

2. *Japan bolsters defence amid Chinese military splurge*(《日本巩固国防应对中国军事扩张》)

3. *ALL AT SEA WITH NEW SECURITY STRATEGY*(《新安全战略海洋为主导》)

4. *MILITARY AMBITIONS*(《军事野心》)

5. *Lots of bang but no buck*(《许多声音可是没有钱》)

6. *Government errs in its strategy*(《政府战略错误》)

7. *Muddled report leaves gaps in our defence*(《混乱的报告使我们的国防出现漏洞》)

8. *LETTERS TO THE EDITOR*(《致编者信》)

9. *Strategic plan misses target*(《战略计划偏离目标》)

10. *LETTERS TO THE EDITOR*(《致编者信》)

11. *China asks for objectivity on military*(《中国要求客观的军事评价》)

12. *China a 'peaceful force' -Response to defence white paper*(《中国是"和平的力量"——对国防白皮书的回应》)

13. *LETTERS TO THE EDITOR*(《致编者信》)

14. *China 'no military threat'*(《中国"非军事威胁"》)

15. *Labor's gung-ho plan ideal for our defence*(《工党雄心勃勃的计划对我们的国防正合适》)

16. *Defence backs savings drive -FEDERAL BUDGET*(《国防依赖于节流——联邦预算》)

17. *China, India may stir up regional war: army*(《中国、印度可能挑起区域战争:军队》)

标题是判断样本内容的主要依据。读者不仅可以从中得到与详细报道内容相关的重要信息,还能感受报道的倾向与立场。

《澳大利亚人报》所刊登的相关新闻标题中,3 篇是《致编者信》,由于其特殊性,下文会有详细研究,此处暂且忽略。剩下的 14 个标题中,以对《白皮书》的评价和对中国的态度进行分类,可得到表3.2:

表 3.2 《澳大利亚人报》2009 年 5 月 2 日—2009 年 5 月 9 日新闻标题对《白皮书》及中国的态度分类

对　象	态度/立场	标题编号	报道数量
《白皮书》	支　持	15	1
	中　立	1、3、4、16	4
	反　对	5、6、7、9	4
中　国	客　观	11、12、14	3
	主　观	17	1
其　他		2	1

第三章 《澳大利亚人报》涉华报道的个案分析

来自澳大利亚媒体的报道,虽然只是一家报纸,但无论在观点还是内容上都较中国媒体要更为丰富。14个标题中,9个是表达对《白皮书》的态度,褒贬不一;4个是与中国相关的内容,有转述中国的态度,也有主观分析;还有1个是从第三国入手对亚太地区局势进行分析。

从对《白皮书》表达态度立场的报道看,对其不表示支持的比例远高于表示支持的。表示反对立场的四篇中有3篇认为《白皮书》本身的战略定位有问题,"It raises the right questions but does not give clear answers or bold decisions. It may help to begin the debate about Australia's strategic future but does little to resolve it."("《白皮书》提出了恰当的问题,却没有给出明确的答案或是大胆的决定。这或许有助于开启关于澳大利亚战略未来的讨论,但对解决问题却几乎没有作用。")这些报道对《白皮书》提出质疑,认为澳大利亚将与中国必然产生冲突作为前提,进行长期战略定位没有道理。《白皮书》未能给澳大利亚的未来战略提供明确的解决方案,且回避了关键问题。第4篇报道则是对财政问题表示担心,"This white paper is 140 pages of vision but falls short when it comes to cash flow"("这份白皮书是140页的愿景,但在考虑到现金流时却无法达到目标"),认为澳大利亚的财政无法支撑如此庞大的军备开支。战略定位失误与财政支持不力是表达反对的两大理由。

无独有偶,表达中立态度的四篇报道中,同样有3篇是从战略发展的角度表达观点,而剩下的一篇亦是从财政角度出发。虽然看法不尽相同,但这种数量和比例的惊人一致,恰恰可以反映出在《白皮书》问题上澳大利亚媒体最为关注的两大方面,即战略定位和财政;另外,也可以感受到澳媒体对《白皮书》并不满意的态度。

综上所述,这些对《白皮书》持非支持立场的报道,核心观点在于:①《白皮书》将中国视作威胁的定位不恰当;②质疑财政能否支撑《白皮书》上所提到的国防开支增长;③承认中国已拥有的强大军事实力。

只有一篇报道表达了对《白皮书》的肯定,"IT may be a minority judgment just now, but if Joel Fitzgibbon achieves three-quarters of what he wants to do, he will be one of the most significant defence ministers Australia has had."("这目前可能是少数人的判断,但若Joel Fitzgibbon能完成他想法的四分之三,他将成为澳大利亚有史以来最有建树的国防部长。")报道提到了《白皮书》所面临的质疑之声,但同时认为《白皮书》所提出的这些主张如能得到执行,将会取得非常乐观的结果。同时,这篇报道同样提到了中国的军事实力,"Similarly, no one could seriously object to the white paper pointing out that China's massive military modernisation, in which realistic estimates have it spending more than \$150 billion on defence (and soldiers are much cheaper to hire in China than they are in Australia), is a cause for some unease in the region."["相似的,没有人能真的反对白皮书所提出的中国大型军事现代化的现实,其在国防上的开支已经超过一亿五千万(在中国雇佣士兵的成本比澳大利亚低得多),这正是引起地区局势有些不稳的一个因素。"]表达了对《白皮书》观点的支持,明确表示没有人能否认中国大规模的军事现代化会给地区带来不稳定因素。

通过分析表达不同态度的报道,可以将澳大利亚媒体的态度归纳为:均认为中国拥有强大且发展迅猛的军事实力,但对《白皮书》是否提出了正确的战略定位和解决方案持不同见解。

另外,对中国反应的报道可分为两类:一类是客观报道,数量较多,有3篇,向澳大利亚民众传达中国的态度,提到了"中国是和平力量"的观点;另一类则是对中国的军事发展进行主观臆测,毫无根据地认为中国的强大会成为地区的不稳定因素,甚至"may stir up regional war"（可能引起区域战争），虽只有 1 篇，但仍可感受到部分澳大利亚媒体的担忧情绪。

综上所述，中澳两国媒体都对《白皮书》表达了自己的看法。中国媒体态度一致性强，认为澳大利亚政府是在渲染"中国威胁论"，反对将中国看作威胁；澳媒体的观点则相对分散，相同之处在于都承认中国的发展，不同之处在于对《白皮书》的战略定位和执行效果看法不一，且在是否应将中国看作威胁上存在分歧。可见，"中国威胁论"在澳大利亚也并非被广泛承认。

基于这一点认知，笔者认为，中国对外媒的态度不应草木皆兵。虽确实存在不少对中国不利的负面言论，但应看到仍有相当多的媒体或民众的观点较为客观。对此，不应实行"一刀切"的态度，而应有的放矢，区别对待，根据实际情况，有针对性地对主观恶意的观点予以反驳说明，对客观有利的观点则以认可欢迎的态度面对。

四、《白皮书》相关涉华报道中的中国国家形象

基于上述分析，《白皮书》相关的涉华报道中所构建的中国国家形象可以用以下几个关键词表述：

（一）强大（powerful）

中国经过几十年发展，已经从一个孱弱的国家发展成一个地处亚洲的世界强国。在澳大利亚媒体看来，现在的中国实力强大，无惧于亚洲传统强国——日本，可以与世界大国——美国相抗衡，具备挑战美国的实力，甚至足以撼动美国在亚太地区的绝对领导地位。澳大利亚作为美国的盟友，面对中国的这种"强大"，虽表露出一些忧虑和不安的情绪，但大部分意见并不认为中国目前会对澳大利亚构成实质威胁。

可知，在澳大利亚，"中国威胁论"并未如中国部分媒体所报道的那样被广为接受，是澳大利亚全社会对中国的态度，也就是说，澳

大利亚对中国的警惕和敌意实际情况可能并没有一般所以为的这么厉害。在今后的对外宣传中,通过积极恰当的沟通与表态,很可能会让更多的澳大利亚民众接受"中国是和平力量"的观点。

(二) 发展(growing)

从澳大利亚媒体的主流意见来看,今天的中国已经比较强大,但还不会对澳大利亚构成威胁,更需要关注的是中国惊人的发展速度和可能存在的"野心"。中国,作为一个已经具备了抗衡日本、挑战美国实力的国家,还在迅猛发展。中国的军备实力在近十年里得到了长足的提高。在《白皮书》中,陆克文用"explosion"(爆发式的)来形容中国的国防支出。在澳大利亚媒体眼中,"中国的军备开支不断上升",表明中国还在发展军事实力,寻求更先进的技术。这一情况使部分澳大利亚媒体认为中国可能有区域称霸的野心,引发了他们的担忧情绪,"There is only one credible candidate here and it has to be China (who believes that we will be attacked by a democratic Japan or India)?"["只有一个可能的国家,那就是中国(谁会相信我们会受到民主国家日本或印度的攻击?)"]基于文化、体制的差异,显然,相较于日本和印度,澳大利亚媒体对中国的信任度更低,认为中国是亚洲唯一可能攻击澳大利亚的国家。中国需要更多地开展对外交流,增进外媒对中国的了解,以消除这种由于了解不充分而产生的担忧。

(三) 解释(explanation)

在中国目前的"强大"和未来的"发展"获得澳大利亚媒体认可,同时,引起部分澳大利亚媒体担忧的情况下,从相关报道中可以看到中国想要传达的"和平崛起"的态度。在这些新闻中,多次出现了"peaceful force"("和平力量")"positive force"("积极的力量")"not a threat"("不是威胁")等内容,如"A Chinese embassy spokesman said yesterday Australians should not be concerned about Beijing's military plans, which were entirely defensive.

'China is committed to develop peaceful and defensive policies,' the diplomat said. 'China is a positive force supporting regional and international peace and stability and does not constitute a threat to any country.'"("昨天,一位中国大使馆发言人表示澳大利亚不必担心中国的军事计划,那是完全防御性的。这位外交官说:'中国承诺制定和平防御政策,中国是维护地区与国际和平稳定的积极力量,对任何国家都不是威胁。'")中国"主张和平发展""愿意维护地区和平稳定"的态度已经传递给了澳大利亚媒体,并产生了一定的效果,"The Australian Defence Force had a 'very mature relationship' with China. 'If they disagree with us, they tell us.'"("澳大利亚国防军与中国有着"成熟的关系",如果他们与我们有分歧,他们会告诉我们。")中澳两国军队间愈加成熟的关系就是最好的证明之一。

但应看到,这部分表示认同的比例还太小。中国必须继续甚至更努力地扩大对外交流,在外媒上更多地表达中国的观点。在目前部分人认可理解的基础上,让更多的人了解"热爱和平"的中国,接受"和平崛起"的中国,而不能让担心中国成为"威胁"的那部分意见逐渐占据主流。只有这样,才有可能将中国国家形象里"强势而有威胁性"的一面真正弱化甚至予以改变,构建更加友好的国家形象,以有利于未来进一步的发展。

第二节 《2009年澳大利亚国防白皮书》相关涉华报道的新闻框架分析

在上文对《2009年澳大利亚国防白皮书》的相关报道进行分析之后,得到政治安全领域的中国国家形象。本节将继续以《澳大利亚人报》中主题为《白皮书》的188篇涉华报道为样本库,进行分析,以构建政治安全领域涉华报道的新闻框架。其中,有6篇

《致编者信》,比较特殊,不适用于下文的标题分析,因此予以排除,则样本库有样本 182 篇。

一、重要性分析

由于陆克文任期内涉华报道的样本数量过多,为了进行有针对性的研究分析,选择《白皮书》作为代表案例,一方面可以充分考察中国与澳大利亚的政治安全关系,了解该领域的中国国家形象,另一方面也有助于构建政治安全领域涉华报道的新闻框架。

重要性一般可以从报道的篇幅和版面两方面来考察。首先,长篇报道由于所占篇幅多,肯定比短篇报道或消息类新闻显得更为重要。有鉴于此,将 300 字以下的新闻作为短篇新闻,300—1 000 字的新闻作为中篇新闻,1 000 字以上的新闻作为长篇新闻进行报道篇幅划分。

此外,报道的版面分布亦能反映新闻的重要性。因为报纸的头版,尤其是全报头版,是全报最重要最核心的部分,每天几十页甚至上百页的报纸却只有一个头版,能上的新闻极为有限,所以,在头版出现的新闻,其重要性毋庸置疑。基于以上两个参数,经过整理,可以得到表 3.3:

表 3.3 《澳大利亚人报》2007 年 11 月 24 日—2010 年 6 月 24 日《白皮书》相关涉华报道的篇幅版面分布情况

篇幅	《白皮书》相关报道	比例	版面分布		
			地区版头版	专刊头版	全报头版
短篇	8	4.39%	0	0	0
中篇	112	61.54%	5	0	3
长篇	62	34.07%	0	2	3
合计	182	100%	5	2	6

资料来源:根据 Factiva 数据库所供数据整理而成。

表3.3可见，首先，182篇报道中的中长篇报道比例约占95%，占绝对多数，从一个侧面反映出澳大利亚媒体对《白皮书》相关情况的重视，中澳两国在这个主题下多有摩擦和新闻交流。

其次，由于头版篇幅有限，很多文章会部分刊登在头版后，再转版继续报道，但这样的情况，仍应视作头版新闻处理。因此，在版面分布上，头版新闻有6篇，加上专刊头版的两篇和地区头版的五篇，则《白皮书》相关涉华报道中共有头版新闻13篇，约占7%，比例不低。同样可以反映出《澳大利亚人报》对涉及国防军事题材的新闻相当重视。

二、新闻立场分析

新闻报道应有其客观性，但报道者的主观影响不可避免。刊登在《澳大利亚人报》上的新闻亦不例外，每一篇新闻都带有自己的立场，也总是在表达自己的观点和倾向，只是有时候被隐藏得很好。那么该如何判断报道的倾向性？可以考察各类引语的使用情况，即这些观点和言论来自何方。从引语的来源可以看出这篇报道对哪一方的观点更为重视。当然，作为一份澳大利亚代表性的报纸，《澳大利亚人报》在观点引用上极有可能是以澳大利亚方面为主，但通过统计比较，更重要的是，可以看到来自中国方面或者第三方的声音在澳大利亚媒体上出现的具体情况。由此，可以得到图3.2。

首先，毫不意外，来自代表澳大利亚方面的澳大利亚政府与官员、澳大利亚媒体与组织、澳大利亚专家或者学者以及澳大利亚个人的引语在数量、比例上都遥遥领先。与之相比，来自中国方面的声音显得微乎其微。除了中国政府与官员尚有极少量的言论发表之外，来自中国媒体与组织、中国专家或者学者以及中国个人的引语甚至可以忽略不计。从这个角度来看，中国在澳大利亚媒体上发出的声音不仅太少，而且过于单一。政府由于代表一个国家，其观点在被解读时，相对不易与普通民众产生共鸣，而

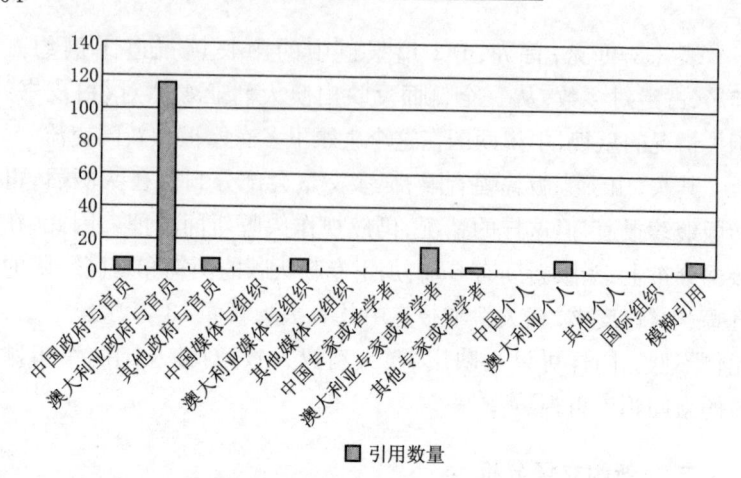

图 3.2 《澳大利亚人报》2007 年 11 月 24 日—2010 年 6 月 24 日《白皮书》相关涉华报道的引语来源统计

资料来源：根据 Factiva 数据库所供数据整理绘制而成。

地位相对对等的媒体与个人往往更容易获得对方媒体或个人的认可。因此，在对外宣传中，如想取得较好的效果，需要代表国家的政府、官员与代表民间的媒体、个人互相配合，互相补充。但从统计结果看，中国的媒体或个人在澳大利亚媒体上发出的声音太过渺小，完全不能对政府的对外宣传形成有效支持。同时，由于缺乏这种全方位的支持，中国政府的声音在传递的有效性上亦大打折扣，这对中国的对外宣传及国家形象的建设或改善极为不利。

另外，在澳大利亚媒体引用的观点里，澳大利亚政府和官员（包括澳大利亚总理陆克文、国防部长 Joel Fitzgibbon、澳大利亚军方人员等）对《白皮书》发表前后的地区局势、中国实力、未来展望等都发表了自己的观点，作出了解读。中国虽有回应，但在有限的回应或观点中，多是来自中国的"不满"或"要求"等较为负面或强势的信息，而少有中国"和平发展""不对世界或地区形成威胁"这样积极的声明或更为具体的说明。在整个事件发展的过程中，中国不仅几乎没有机会从政府、媒体或个人的角度在澳大利亚媒体上对《白皮书》发表评论,且见诸报端的观点中也存在偏颇,使事件的发展对中国不利。

可见,在涉及国际关系、国家安全时,《澳大利亚人报》显然是以自身立场为主,以本国内部的看法、想法为主,而对来自中国的消息表现出了忽略或不重视的态度。而中国方面对事件的回应也显得较为乏力,澳大利亚媒体所刊登的中方观点来源单一,且非积极清晰的表态。

三、 中国情绪分析

由上文分析可知,《澳大利亚人报》在涉华报道中一定程度上忽视了来自中国的观点,则这些报道对中国的情绪是怎样展示的?是怎样的情绪?是合作的、愉快的,还是被压抑的、抗议的?为了使研究具有针对性,将这182篇报道中所展现的中国情绪都集中到新闻标题,通过分析标题所蕴含的来自中国的情绪寻求这个问题的答案。

有关《澳大利亚人报》相关新闻标题中所要表达的"中国情绪",并不单纯以涉华报道的主题、事件等为依据进行积极、中立与消极的分类,即表达中国好、中国进步的报道为积极,报道中国困难、有问题的报道为消极,而是关注标题中所包含来自中国的情绪,如 *Naval expansion feeds China's fear* 这个题目就明显带有担忧害怕的情绪,所以将其列入消极情绪一类;而 *China's next leader to visit Australia in a sign relations are thawing* 这个题目中"thawing"表示关系的缓和,可以认为是一种比较积极向上的情绪;但如 *Military planners second-guess a resurgent China*、*Turnbull puts his China view* 等,虽然题目中提到了"中国",但都没有明确表达"中国情绪"的词或者短语;还有如,*Strategic shift*、*PM's Defence dilemma* 等,这些标题中完全没有提到"中国",自然也无法表达"中国情绪"。在分类上,这两类标题全部归

入中立情绪,得到表 3.4:

表 3.4 《澳大利亚人报》2007 年 11 月 24 日—2010 年 6 月 24 日《白皮书》涉华报道的中国情绪分类

积极情绪	中立情绪	消极情绪
1. China a 'peaceful force'-Response to defence white paper 2. China pushes for closer military ties 3. China's top brass pays a visit 4. China's next leader to visit Australia in a sign relations are thawing	(略)	1. Naval expansion feeds China's fear 2. Fleet plan feeding into China's fears 3. China asks for objectivity on military 4. BEIJING'S INTIMIDATION 5. Rudd's tough talk may raise China tensions 6. China 'best dealt with in private' 7. Chinese base plan causes headache 8. China threat to white paper fleet plans 9. Sino-Australian links bruised by incidents, says Beijing
4	169	9

资料来源:根据 Factiva 数据库所供数据整理而成。

182 个新闻标题,有 169 个没有直接展示中国的情绪,占绝大部分,剩下的 13 个标题中,仅有 4 个展示的是较为积极的情绪,China a 'peaceful force'-Response to defence white paper 的友好,China pushes for closer military ties 的合作,China's top brass pays a visit 和 China's next leader to visit Australia in a sign relations are thawing 的交流,这些标题表达了中国"愿意合作、表示友好"的情绪;另有 9 篇展现的是比较消极的情绪,如 Naval expansion feeds China's fear 的担忧,BEIJING'S INTIMIDATION 的威胁,

Sino-Australian links bruised by incidents, says Beijing 的危机感等,这些标题表达了中国"充满担忧、给予威胁"的情绪。从比例上看,表达中国"消极情绪"的标题是"积极情绪"的两倍多。

这182个新闻标题大部分表达的是澳大利亚政府或社会本身的情绪,如 PM's Defence dilemma、ADF needs power to 'take on Asia threat' 等,抑或是从澳大利亚的角度对中国进行评判,如 China 'no military threat'、CHINA PLAYS FROM A DIFFERENT RULE BOOK 等。

从上述分析可知,首先,对同一事件所作的报道,表达的情绪往往取决于具体报道切入的角度,也就是说,即便是针对同一事件的报道,情绪的表达可以是积极的,也可以是消极的,这为今后的报道基调分类提供了一个可能的参考标准。

其次,在与《白皮书》相关的涉华报道中,澳大利亚媒体毫不意外地对澳大利亚本身的情绪表现得更为重视,所展示的来自中国方面的情绪不多,且相对以消极情绪为主。可以感受到的多是对中国方面"充满担忧、给予威胁"的消极情绪,而非"愿意合作、表示友好"的积极情绪,这一新闻框架的情绪传达不利于中国获得更多理解。

四、 新闻框架分析

对这182篇报道的新闻框架进行提炼,可得:中国强大的军备实力及未来的发展直接影响澳大利亚国内对中国实力的态度,中国则试图作出回应。这一结构主要体现在四个方面:

(一) 中国军备实力强大

在这182篇报道中,多次提到了中国的军事实力,并强调了这种实力的强大。对中国实力现状进行的描述一般有三种方式:一种是总结概述性表述,如"The Defence Department ordered the MU90 in 1999 amid concerns about the long-term submarine build-up in Asian navies led by China."("国防部由于担心以中国

为首的亚洲海军所进行的长期潜艇建造计划而在 1999 年订购了 MU90 轻型反潜鱼雷。")以"led by China"("由中国领导")等对中国的军事地位与实力定性。第二种是以比较的形式进行描述,常以美国为参考对象,以亚洲为地域范围,如"The head of the Strategic and Defence Studies Centre at the Australian National University, Hugh White, said China already had the potential to challenge US power in Asia, particularly in a Taiwan contingency."("澳大利亚国立大学战略与国防研究中心负责人,Hugh White,表示中国已经具备在亚洲,特别是台湾突出事件中挑战美国的潜力。")以"challenge US"(挑战美国)等说明中国的强大。最后一种是用具体数字或详细情况进行说明,如"China has an army estimated at 2.2 million troops, 8 000 tanks and 25 000 artillery pieces. China's navy has more than 100 surface combat vessels and 73 submarines. Its air force operates 6 000 aircraft."("中国预计拥有 220 万军队,8 000 辆坦克和 25 000 门大炮。中国海军拥有超过 100 艘水面作战舰艇和 73 艘潜艇。中国空军有 6 000 架飞机。")以"2.2 million troops"("220 万军队")"8 000 tanks"("8 000 辆坦克")等具体数字勾画出中国军队的庞大和装备的精良。但无论采用哪种方法,传达的核心信息都可概括为:中国军备实力强大。

(二)中国发展迅速及预期结果

在中国军备实力强大的基础上,迅速的发展也是框架里一个极为重要的组成部分,这一点可能比中国的现有实力更受澳大利亚媒体的关注,且常与对未来的预测联系在一起。部分认为中国现在对澳大利亚不构成威胁的观点,在谈到中国后续的迅猛发展及未来可能具备的影响力时,亦不免感到震惊而将之与美国进行比较,感叹中国未来的无限可能,如"While the white paper recognises that 'China will be the strongest Asian military power by 2030 by a considerable margin' and will exercise its influence in

Southeast and East Asia as well as Africa."("白皮书认为'中国在2030年会以较大优势成为最强的亚洲军事力量',并且会对东南亚、东亚以及非洲产生影响。")这类文本从澳大利亚观察的角度对中国未来20—30年左右的发展作出预期,并据此对可能产生的结果作出说明。为了让读者有一个直观的感受,报道以"surpass the US"("超越美国")、"the strongest Asian military power"("最厉害的亚洲军事强国")、"500 to 600 advanced fighter bombers"("500—600架先进战斗轰炸机")等对中国的未来进行描写,展示了中国更为强悍的实力。

可见,澳大利亚媒体还是将传统盟友美国放在主导的位置,在对新兴国家进行评估时,会将其与美国相比较。另外,澳大利亚媒体认为中国的发展非常迅速,未来必然更为强大,一定会扩大在亚洲乃至世界的影响,且会对美国形成挑战甚至是超越。

(三)澳大利亚应对的态度

在上面两大框架基础之上,即面对一个目前强大且发展迅速的中国,澳大利亚媒体认为他们该如何应对呢?从温和到强硬,澳大利亚媒体的态度基本可以分为三类:

1. 积极的态度。如"We need China to be a responsible stakeholder in helping meet these challenges as they arise, and over recent times China has demonstrated an increasing readiness to step up to this responsibility. We welcome China's broader engagement and look forward to China playing a leading and constructive role."("我们需要中国在崛起中,成为面对这些挑战的有责任感的助力。目前,中国在承担这一责任方面表现出愈加充分的准备。我们欢迎中国的跨国合作,并且希望中国在其中发挥领导和积极作用。")表达了对中国发展的欢迎和期待,欲扩大与中国的合作。

2. 旁观者的态度。如"China clearly matters more to the world than it did 10 years ago. It is a growing power in our

region and one that will be crucial to the long-term stability and prosperity of Asia."("中国在世界上的作用较 10 年前有大幅提升,是我们这一地区一个不断成长的力量,也对亚洲长期的稳定繁荣起着关键作用。")认为中国在亚洲乃至世界的地位越来越重要,且其影响亦与日俱增。

3. 消极的态度。如"The Government is already investing millions of dollars to bolster Australia's cyber defence capability, led by the Defence Signals Directorate, and will invest even more heavily in the years ahead to protect critical infrastructure from cyber attacks already being mounted by a number of countries led by China and Russia."("在国防通讯处的领导下,政府已经投入了数百万美元用于支持提升澳大利亚网络防御能力,并且在未来数年内,还将投入更多以保护关键设施免于受到以中国、俄罗斯为首的一些国家的网络攻击。")对中国可能会给澳大利亚带来威胁而感到忧虑,认为应及早防患于未然。

从所占比例看,第一类积极态度的比例最少,这类观点虽能在澳大利亚媒体出现,但由于数量过少,缺少支持而显得乏力,不能产生群体效应,影响有限;后两类态度则相对比较集中,能产生较大影响。总体来说,澳大利亚媒体的态度是倾向于对中国的强大和发展保持观察和警惕,并认为应做好相应准备。

(四) 中国的回应

这一新闻框架中还有一个虽然比重小,但非常重要的部分,那就是中国的观点。之前的统计显示,来自中国的观点由于说话人集中于政府与官员,而缺乏其他方面的支持,再加上数量有限,很容易就被其他观点所淹没,产生的影响极为有限。尽管如此,仍不可忽视的是中国所发出的声音非常一致,即寻求理解与和平共处,如:"'China is a peaceful force that forms no threat to any other countries,' Foreign Ministry spokesman Ma Zhong Xu said in answer to questions from The Australian."("'中国是对任何国家都不构成威胁的和平力量。'外交部发言人马朝旭在回答《澳大利亚人报》提问时说。")等,"peaceful"("和平的")、"no threat"("无威胁")等关键词在中国方面的观点里多次重复出现,充分表明这是中国所努力强调和寻求的,但从现阶段来看,由于缺乏更有效有力的传递,尚未能取得良好的效果。

中国亟待调整对外宣传的策略,不仅是政府或官员,中国媒体或个人也应在外媒上多发表观点,创造良好的全方位舆论环境,只有这样,才能让中国的国家形象建设工作真正发挥效果。认识到这一点对今后如何在国际事务中充分表达、有效传递中国的声音具有参考意义。

综上所述,《白皮书》系列新闻所采用的框架,可以这样形容:澳大利亚媒体已经完全意识到了中国的强大及今后发展的潜力,对此,澳媒体普遍的态度是警惕和小心,只有少量的声音表示欢迎。同时,中国的观点由于某些原因,未能得到有效传递。面对这一现状,中国需要调整自身的宣传策略,寻求更有效的宣传渠道或方法,全面地以不同主体在国际上发出中国的声音,让外国媒体或民众能真正理解并接受中国的观点,进而获得更多的支持。只有这样,才有可能对现有的新闻框架作出修正,才能更好地构建中国国家形象,为中国今后的发展创造友好的国际环境,奠定坚实的基础。

第三节 "热比娅"事件相关涉华报道的中国国家形象分析

中国的少数民族管理问题常被外媒作为批评的题材,中国政府也是饱受困扰。虽然在这方面做了很多努力,但成效并不显著。中国政府在对外宣传及这方面的国家形象构建上是否有忽略之处?如何才能改变目前这一尴尬的局面?只有回答好这些问题,才能扭转所面对的不利情况,真正改善中国国家形象,继而在将来的国际交往中占得先机。有鉴于此,在对澳大利亚媒体眼中的中国国家形象进行研究分析时,民族宗教方面的国家形象亦是重中之重,应予以重视。

在陆克文任期总理的两年半里,若提到民族宗教事件,2009年的"新疆7·5事件"及随后的热比娅访澳和墨尔本电影节这一系列事件可谓影响最大,引起最多关注,以下为了表述方便,统称为"热比娅"事件。在事件的相关报道中,中国的国家形象如何被呈现?这是本节需要回答的主要问题,关键内容分析、重复出现的内容、图片框架分析是三个主要的切入角度。

一、关键内容分析

首先,整理出《澳大利亚人报》中分别从澳大利亚与中国的角度出发,对热比娅个人进行描写时所使用的词汇,得到表3.5:

表3.5 《澳大利亚人报》及其所引用的中国方面对"热比娅"个人的描写

	中国	澳大利亚
所使用的词汇	terrorist, enemy, criminal, rebel leader, ugly	wealthiest, successful, Uighur leader, richest, international super star, Uighur activist, charisma, the exiled leader

资料来源:根据Factiva数据库所供数据整理而成。

从整理结果看,直接用于形容"热比娅"的词并不算丰富,但非常集中,且中澳双方在用词上泾渭分明。中方使用的全都是贬义的称谓或形容,而澳方则都是褒义或中性的,两者形成鲜明的对比。相较而言,由于平日多接触本国媒体,普通澳大利亚民众和政府对媒体言论和观点的接受度必然会更倾向于澳媒。在这种情况下,中澳双方表述上巨大的差异很可能会引起民众对中方的怀疑心理。这种"怀疑"不仅针对中国对热比娅本人的定位,也会影响对相关事件的观点和评论,而不利于中国国家形象的构建。相关报道中有表达类似观点的语句出现,如"More Australians are hearing Rebiya Kadeer precisely because of the Chinese government's actions. Probably the lion's share of the attention Kadeer has garnered in Australia has come because of Beijing's wild overreaction."("更多的澳大利亚人由中国政府的行为而倾听热比娅的言论。或许热比娅所获得的最大关注就是由于中国政府的过度反应。")这种心理认知差异所产生的反作用使中国政府对"热比娅"的指责反而让她显得更弱势无辜,更易获得关注,从而赢得澳大利亚社会乃至国际社会更多的同情和支持。这种容易引起相反效果的宣传方式需要被重新审视,对热比娅个人给予过多关注的对外宣传策略效果有限,中国应在考虑实际宣传效果的基础上寻求更有效的策略。

二、重复出现的内容分析

在一系列新闻报道里重复出现,既是内容重要的体现,也往往会让读者产生更深刻的印象。这些重复的内容对澳大利亚民众如何构建中国国家形象有重要影响,甚至可能起关键作用。在"热比娅"事件的相关涉华报道中,重复出现的内容大致可分为以下五类:

第一,热比娅的背景,如"Rebiya Kadeer, once one of China's wealthiest businesswomen and now, living in exile in the US, president of the World Uighur Congress."("热比娅·卡德尔,世界维吾尔代表大会主席,曾是中国最富有的女商人之一,而今流亡于美国。")"A small woman in her early 60s, the mother of 11 children and many more grand-children, at first she seems quiet, but as the interview progresses she speaks with a fiery passion."("一个小小的60岁出头的女人,她是11个孩子的母亲,也是更多孩子的奶奶。起初,她看上去很安静,但随着采访的进行,她爆发了如

火的热情。")热比娅被描述成一个有魅力的成功女商人,被驱逐的维吾尔领袖,很多孩子的母亲,是一个较为正面的形象。

第二,热比娅的诉求,如"Kadeer wants a dialogue with the Chinese government, which would hardly seem unreasonable."("卡德尔想与中国政府对话,这看上去并无不合理。")"Rebiya Kadeer is due in Australia next week at the Melbourne International Film Festival for a showing of The 10 Conditions of Love, a documentary about her and husband Sidik Rouzi's struggle for real autonomy and religious freedom for the mostly Muslim Uighurs in their Xinjiang homeland."("热比娅·卡德尔应于下周抵澳参加墨尔本电影节上《爱情的10种条件》的展映,这部纪录片讲述了她与其丈夫Sidik Rouzi在他们的家乡新疆为大多数穆斯林维吾尔族人所进行的争取真正自治与宗教自由的斗争。")澳大利亚媒体将热比娅的诉求表述为"希望与中国政府对话,寻求新疆的真正自治和宗教自由",而忽视了其分裂祖国、组织暴力活动的真实面目。中国政府对其诉求不能予以考虑或接受则被歪曲成一种"不合理行为"。若澳媒所传达的这一片面看法在"热比娅"事件或其他同类事件中不能有所改变而反复出现,则很容易让澳民众形成相应的固有观念,会对中国在民族宗教领域的国家形象造成很大的负面影响。

第三,中国政府的干扰,如"Take the enormous effort that has gone in to trying to stop exiled Uighur leader Rebiya Kadeer visiting Australia, or speaking to the public and media once here, or the documentary about her being screened."("付出巨大努力以阻止被流放的维吾尔领导热比娅·卡德尔访问澳大利亚,或阻止她在这里对公众或媒体发表言论,或干扰关于她的纪录片放映。")对热比娅赴澳或在澳大利亚的一切活动,中国政府通过各种渠道进行反对阻止。这是从澳大利亚媒体的角度对中国措施的描述,以"take the enormous effort"("做了巨大努力")、"did everything it could"("做了能做的一切")这类较为极端的表述强调中国为阻挠此事用尽办法,间接表达了一种"不满"的态度;在中国反对澳政府给予热比娅赴澳签证一事上,则直接表达了这种"不满",认为是否给予签证是澳大利亚的决定,中国不应干预。

第四,中澳两国的联系,如"But the core complementary elements that have increasingly driven the economies together-Australia's need for capital and for markets, China's need for inputs for its industrial machine, and for international enmeshment-have not changed."("但是两国关键的互补元素将两国经济愈加紧密地联系在一起——澳大利亚对资本与市场的需求,中国对投资、工业机械以及国际合作的需求,这些都没有变化。")中澳两国间经济互补性强,合作密切,牵涉亚太地区的共同利益,这些澳大利亚媒体亦了然,因此,他们对两国合作的继续亦持乐观态度。

第五,中国政府的态度,如"Any criticism of China's government is construed as an attack on the Chinese people. Massive over-reactions in Xinjiang and Tibet threaten to radicalize those populations."("任何对中国政府的攻击都被解释为对中国人民的攻击。在新疆与西藏发生的大规模反应过度的行为使中国人感到威胁而激化了他们的态度。")"China's state-run media have also cited adverse coverage in the Australian press as evidence of anti-Chinese attitudes."("中国的国有媒体也引用了澳大利亚媒体中负面的言论,并将其作为反华态度的证据。")澳大利亚媒体将中国描述成一个夸大情况、歪曲事实、缺乏民主精神的国家。但这些描述缺乏依据,均为主观臆测,是对中国不负责任的负面报道,反映了澳部分媒体对中国存有根深蒂固的偏见。

从这反复出现的五大内容来看,在《澳大利亚人报》"热比娅"事件的相关涉华报道中,中国的国家形象在热比娅"良好"个人形象和"合理"诉求的双重衬托下,显得强势而不近人情。澳大利亚媒体中存在对中国的误解和偏见,导致所刊登的新闻在报道或分析事件时,采取的角度有失公允,片面地认为中国政府拒绝对话、拒绝交流,对热比娅的活动竭尽所能进行干预的态度或措施不合理,但中澳两国间密切的联系又注定两国外交不可能因为一个"热比娅"而长期处于互相僵持的状态。这既是对两国媒体立场会产生差异的一种解释,也是对两国关系未来的发展趋势作出的预测。

三、图片框架分析

分析《澳大利亚人报》中"热比娅"系列报道的图片框架,可以从两方面入手,即图片类型与图片基调。

（一）图片类型

根据图片的主要内容,对报道中出现的图片进行分类,对图片所表达的意义进行探究。

"热比娅"系列报道的图片可分为以下三类:一是作者图片——即文章作者的大头像,并辅以文章主要内容的介绍;二是漫画图片——即以漫画的形式调侃时事,发表见解;三是人物形象,即人物特写,整张图片中较少环境干扰,主要目的是介绍人物或刻画人物的细节。

第一类作者图片,这类图片只有一张。

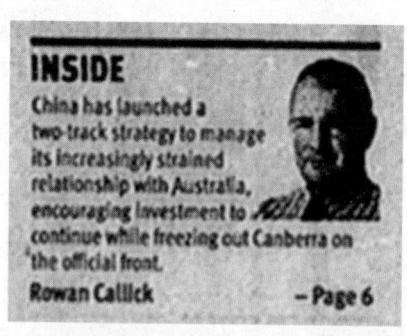

图片来源:《澳大利亚人报》2009 年 8 月 19 日头版新闻 *China's billions for gas* 的配图。

第三章 《澳大利亚人报》涉华报道的个案分析

这类图片的出现主要是对作者、文章内容和版面作一个简单介绍以引起读者的注意,对新闻内容或者观点表达的影响不大,此处不予进一步讨论。

第二类漫画图片,这类图片也只有一张。

图片来源:《澳大利亚人报》2009 年 8 月 11 日头版新闻 Chinese pressure media 的配图。

这是新闻 Chinese pressure media 一文的配图之一,这篇报道共有两张相关配图。从版面上看,图片不大,但头版的位置和配图数量的优势也足见媒体的重视。漫画中更值得关注的并非漫画本身而是其中的人物对话。这一组问答用调侃的语气对中国给媒体施压的行为予以了嘲讽,所传达的态度是对中国的"媒体管理"政策不赞同。国外媒体在缺乏对中国国情了解的情况下,经常根据自己的主观理解和判断,对中国的媒体管理政策表达不认同的看法,这在澳大利亚亦不例外。

第三类人物形象,这类图片以展示个人形象为主,共五张。根据图片上的人物,可分为包含与不包含热比娅个人两种。先看第一种,即三张包含热比娅个人的图片。

图片来源:《澳大利亚人报》2009 年 8 月 11 日头版新闻 Chinese pressure media 的配图。

图片来源:《澳大利亚人报》2009 年 8 月 12 日第二版新闻 Take our exiles, urges Uighur leader 的配图。

图片来源:《澳大利亚人报》2009 年 8 月 11 日第二版新闻 Pressure test for press club on ethnic leader 的配图。

这三张新闻图片,不仅展现了包括动作、表情和所处环境在内的人物细节,而且人物重点非常清晰。两张是热比娅的个人照,展现她的个人形象;一张是双人照,画面上是包括热比娅在内的两个人物所进行的互动。这三张照片的内容可以认为是对热比娅形象的良好塑造,分别展现了"无助的热比娅""热情的热比娅"和"友好的热比娅"。

第一张图片里的热比娅在议会大厦前,表情质朴虔诚,表明是来寻求帮助的,而不会给人以咄咄逼人的感觉;这一内容正好与上文所提的新闻报道 Chinese pressure media 里中国政府对媒体的"高压"及那张漫画的调侃嘲讽形成对比和呼应,更好地展示了"无助的热比娅"这个形象。

第二张图片里的热比娅占据了整张画面,黑色的背景正好让人将所有的注意力都集中在热比娅身上,热比娅的表情和手势正好是在演讲进行的过程中,显得格外生动自然,从画面就让人感觉到她的热情洋溢。

第三张图片里是热比娅与工党议员迈克尔·丹比(Michael Danby)的互动。画面上除了作为主要人物的他们俩,还有两位工作人员,每个人都面带微笑。热比娅与迈克尔·丹比边握手边前行的动态表现得非常清楚,热比娅的友好形象展露无遗。这篇 Pressure test for press club on ethnic leader 的报道同样配有两张图片,与热比娅的大图相对应的是下面这张小图。

这是一张中国大使章均赛的个人照,照片上他眼看前方,颇为严肃,和热比娅的友好笑容形成鲜明对比。这种对比正反映了澳大利亚媒体的观点,在澳大利亚媒体看来,章均赛所代表的中国政府"严肃而难以亲近",热比娅所代表的少数民族"热情友好"。这样的配图不得不说是有意为之,除了画面本身所传达的信息,更隐含了媒体的态度。

图片来源:《澳大利亚人报》2009 年 8 月 11 日第二版新闻 *Pressure test for press club on ethnic leader* 的配图。

这张章均赛大使的照片也是另一类没有热比娅的人物图片。此外,还有一张是时任副总理李克强到达悉尼时的图片。

图片来源:《澳大利亚人报》2009 年 10 月 31 日第二版新闻 *China push to heal rift* 的配图。

图片里,李克强副总理占据了约半张画面,构成图片的主体,而其他人物则共同构成图片的另一半,属于画面的辅助人物。所有的人物都展现着热情愉快的笑容,辅助人物们正纷纷伸出手欲与主要人物握手,向李克强副总理表示热烈欢迎,李副总理则笑容满面地作出回应。这篇新闻发表于2009年10月31日,正是中澳关系缓和的时期。彼时,在中澳双方的共同努力下,曾一度被推迟的李克强副总理访澳活动终于顺利实现,图片洋溢着热情友好的情绪,让人不由得期待这次访问的成果。

(二)图片基调

这些图片都没有展现明显的暴力、血腥、敌意等负面情绪或场景。除了热比娅在议会大厦前的照片显得有些无助,章均赛大使的照片显得有些严肃以外,其他人物图片传达的相对都是积极的情绪。事件的导火索是新疆发生的大规模骚乱,事件造成1 700多人受伤,197人死亡的严重后果。但《澳大利亚人报》的所有配图都没有直接表现事件的场面。应看到配图多反映的是热比娅访澳及之后的事态发展,而未对"新疆7·5事件"本身给予关注。这并不代表澳大利亚媒体对中国多么友好,反而是一种态度的表现。新疆骚乱本身,于澳媒可能只是外国发生的某一事件,并不值得过多关注,但当两国处事的原则或价值观产生冲突时,特别是当这种冲突对两国关系形成威胁时,关注度便直线上升。

这些配图的位置不是头版就是第二版,亦显示了相关新闻所受的重视,其中,有两篇新闻配了两张图片,而这些配图恰好能形成呼应或对比,如章均赛大使的严肃与热比娅的友好。这两组图片的对比间接传达了澳大利亚媒体对事件双方的态度:同情热比娅,认为中国威权而不近人情。受这种态度倾向的影响,澳媒报道事件的角度、所采用的框架及所构建的中国国家形象亦会出现偏差,而非完全客观真实。

在"热比娅"事件的相关报道中,相比新疆发生的骚乱,澳媒显然对中国政府的"新闻干预"或"强硬态度"更感兴趣,也更反感。西方国家自认为讲究新闻自由,追求民主独立,由于他们只片面地看到中国拒绝对话交流,采取各种手段阻挠热比娅的澳大利亚之行,主观地就给中国贴上了"不民主"的标签。可见,要改善中国的国家形象,中国政府需要换一个角度来处理相关事件,以获取西方国家的理解和认可。

四、"热比娅"事件相关涉华报道中的中国国家形象

经过上述分析,这一部分将对"热比娅"事件相关的涉华报道中所构建的中国国家形象进行总结,以三个关键词来归纳。

（一）强势

在澳大利亚媒体看来,中国在处理"热比娅"相关的一系列事件时所表现的态度非常强势。是否允许热比娅访澳,是否批准相关影片放映,这些应由澳大利亚或活动主办方决定,但中国政府却对每一个环节都表示强烈反对与抗议,阻挠事情的发展。这种强势干预的态度让澳大利亚媒体认为中国有干涉澳内政之嫌而产生强烈的抵触和不满,更易对看似弱势的热比娅表示同情。

中国的这种态度还表现在对媒体的管理和对热比娅的态度上,有多篇新闻缺乏根据地指责中国政府给媒体施压,迫害热比娅。澳大利亚媒体片面和武断地认为热比娅是一个寻求正当诉求的维吾尔族领导人,渴望与中国政府进行对话,但中国政府却不仅把热比娅当成一个恐怖分子,一个罪犯,甚至将她驱逐出境,还企图封杀她的一切海外活动。这样的理解显然与中国的初衷完全背道而驰,但带着这种误解的澳大利亚媒体在新闻报道中塑造的中国国家形象却免不了让作为信息接收者的民众产生误会。

（二）顽固

中国与澳媒在对"热比娅"形象的定位上存在巨大差异，中方眼中的"恐怖犯罪分子"在澳方看来却是"成功而有魅力的领导人"。澳大利亚媒体一厢情愿地认为中国"固守己见"而难以沟通。澳媒、澳民众都认为中国不愿意作出改变，澳大利亚政府应采取更多的措施督促中国进行改革。澳大利亚社会存在的这一论调没有考虑中国实际的历史文化情况，而颇有些"自以为是""想当然"的味道，但在这种认知的影响下，澳大利亚媒体所构建的中国形象显得"顽固不化"，不是一个现代开放的国家。

（三）现实

虽然面临分歧，但考虑到两国间巨大的共同利益，中国和澳大利亚在事件进一步升级之前，都不约而同地选择了妥协。由于"热比娅"事件所导致的两国摩擦在更大的利益面前可以被协调忽略。中澳两国经济上的互补性和地缘上的便利性，决定两国都不会轻易放弃与对方的合作。虽然在交往中，不可避免会遇到一些冲突和摩擦，但在危及两国利益时，双方都会有所退让，采取一些手段以避免事态的进一步恶化。

综上所述，澳大利亚媒体所描述的"中国"是一个在事件处理上"强势"、在一些观点上"顽固而难以沟通"，但在利益面前"现实"的国家。对中国来说，这一形象并不准确。澳大利亚媒体本身缺乏对中国的理解和认知，再加上一些固有的偏见，澳媒在进行新闻报道时选取的角度往往对中国不利。为了改变外媒的这种观点，中国政府一直在做相关的对外宣传，但效果却并不理想。相反地，热比娅以一个弱者的姿态，却博得了更多的支持和同情。

很多澳大利亚人实际上并不是因为新疆发生的骚乱而不支

持中国,但他们所接受的信息让他们相信中国对新闻采取强硬态度,进行过多干预,受此影响,他们对中国的相关态度和措施等产生怀疑。这种观点使澳大利亚媒体和民众无法理解中国的做法而选择站在中国的对立面。因此,想要改善中国的国家形象,恐怕首先要让外国媒体和民众相信中国对新闻的尊重,对自由的尊重,对人民的尊重,有针对性地入手才能达到效果。

第四节 "热比娅"事件相关涉华报道的新闻框架分析

分析"热比娅"事件相关涉华报道中的中国国家形象后,应进一步研究构建这一形象的新闻框架。本节将从重要性、消息源、标题立场三个方面进行相关新闻框架分析。

首先,了解这些报道在时间上的分布情况,参考图3.3:

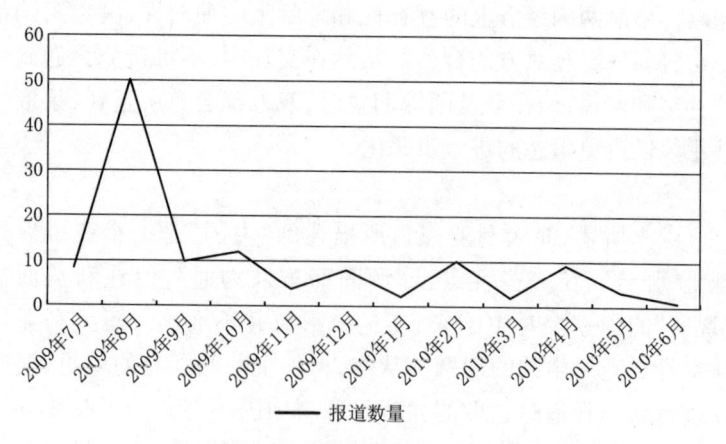

图3.3 《澳大利亚人报》2009年7月—2010年6月
"热比娅"事件相关涉华报道的时间分布

资料来源:根据Factiva数据库所供数据整理绘制而成。

第三章 《澳大利亚人报》涉华报道的个案分析

2009年7月5日,新疆维吾尔自治区乌鲁木齐市发生"打砸抢烧暴力犯罪事件";2009年8月,热比娅访澳;7月、8月是事件连续发生的时间。从图3.3上可知,7—10月这四个月的报道相对比较集中。实际上,在10月之后的报道中,"热比娅"事件已经不被作为报道的重点,而往往是在分析中澳关系或中澳合作时,将此作为曾产生重要影响的事件而提起。

有鉴于此,分析的重点应放在2009年7月至2009年10月这四个月的报道高峰期,这期间共有82篇涉华报道。相较于后期的相关报道,这些新闻更能集中反映澳大利亚媒体对"热比娅"事件的报道框架以及在这个框架里所构建的中国国家形象。

确定待研究的样本范围后,下一步的分析主要从三个方面展开,首先是重要性分析,这是对报道受媒体重视程度的分析;其次是消息源分析,包括报道的来源和作者,这是媒体报道角度的一个衡量标准;第三是标题立场分析,这是考察媒体报道事件所采取的立场。

一、重要性分析

报道是否受到重视,主要考查两个方面,一是否为头版新闻,二报道篇幅的长短。能否上头版,对一条新闻来说非常重要。从稿件分析方面,头版新闻是新闻价值最大、来源最权威的新闻事实,也最能体现编辑、编排思想。在新闻版面和板块中头版新闻占据最有利位置,甚至会用最醒目的字体和颜色,在视觉上处于突出位置,但也由于头版篇幅有限,能成为头版新闻的只有很小一部分。另外,头版新闻追求重、快、精、简的事实报道,在头版刊登一部分新闻稿后,在其他位置继续进行相关系列或后续报道也是经常发生的事情,但这样的情况仍应作为头版新闻处理。对"热比娅"事件的相关涉华报道进行篇幅和版面统计,得到表3.6:

表 3.6 《澳大利亚人报》2009 年 7 月—2009 年 10 月
"热比娅"事件相关涉华报道的篇幅和版面情况统计

篇 幅	数量	版面分布		
		全报头版	地区版头版	专刊头版
短篇(300 字以下)	5	1	0	0
中篇(300—1 000 字)	59	6	7	0
长篇(1 000 字以上)	18	0	0	0
合　计	82	7	7	0

资料来源：根据 Factiva 数据库所供数据整理而成。

在 82 篇报道中，全报头版有 7 篇，地区性头版有 7 篇，合计 14 篇头版，头版率达到 17.1％，比例较高，但由于这些新闻都是中短篇报道，在重要程度上打了一个折扣。与下文将分析的"力拓案"相比，"热比娅"事件的新闻重要性显得相对低一些。

就报道篇幅来说，除去 5 篇 300 字以下短篇新闻和 18 篇 1 000 字以上的长篇新闻，中篇报道占绝对多数，是对事件相对详细的报道。综合这两方面的情况来看，"热比娅"事件虽足以引起澳大利亚媒体的关注，但并没有达到焦点的程度。由于观念分歧，这一事件虽对两国关系产生了一定影响，但由于其本身重要性的限制，两国关系的恢复相对较快。

二、消息源分析

这里，需要关注新闻的撰写者，也就是记者，他们对新闻的影响不可忽视，因为新闻就是他们的产品。每一个报社都有自己的风格，记者在一定范围内可以自由地撰写新闻、进行报道，但这些新闻稿必须引起他们的上级的兴趣，才有可能成为真正的新闻。为了让自己的新闻稿能有更高的采用率，记者们往往会尽可能让自己的稿件接近本社的风格。记者在遇到可能的新闻题材时，不仅要懂得如何寻找新闻，如何找到合适的角度切入，而且要掌握

第三章 《澳大利亚人报》涉华报道的个案分析

如何将新闻内容放入一个合适框架的技巧。尽管如此,记者在撰写或编辑新闻稿时仍不可避免地会带上个人色彩。

另外,在采编新闻时,严格来说,各大报社算不上完全独立。因为不同报社获得的新闻题材往往是同一事件,特别是在发生重大事件的情况下,所以会有"抢新闻"一说。毕竟新闻是对实际发生事件的报道,在讲求真实性的新闻行业,凭空捏造事件来博取眼球的行为是最大的忌讳,会被所有人鄙视,被整个行业唾弃,甚至可能触犯法律底线。

为了获得更多关注,报社会更青睐一些符合本社风格且角度新颖的稿件。因此,在做最终发稿决定时,稿件范围往往并不局限于本社记者的新闻稿,也可能会采用非本社记者的稿件。这种相对自由的规则有利于新闻行业的发展。认清这一现状对这部分的研究有积极意义。

研究时间范围内"热比娅"事件的相关报道共 82 篇,其中,由于报纸版本不同而重复刊登的报道有 35 篇,统计不重复的 47 篇新闻报道的作者,得图 3.4:

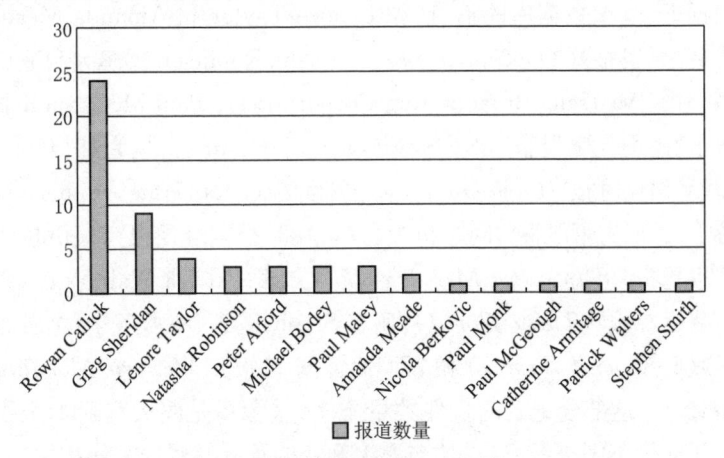

图 3.4 《澳大利亚人报》2009 年 7 月—2009 年 10 月
"热比娅"事件相关涉华报道作者统计

资料来源:根据 Factiva 数据库所供数据整理绘制而成。

首先,新闻报道的作者非常集中,前两位的稿件数量超过半数,其他记者都只有一两篇,最多不超过四篇。一个人完成约半数稿件的 Rowan Callick 是《澳大利亚人报》的中国特派记者,为该报撰写了大量的有关中国政治、经济、文化等方面的新闻报道,并屡获殊荣。他在中国生活了相当长的时间,在担任中国特派记者期间,是《澳大利亚人报》的中国首席记者,所撰写的关于中国的新闻报道数量也是最多的。第二位的 Greg Sheridan 1984 年加入《澳大利亚人报》,是该报的亚洲问题专家,出版有这方面的专著四本,曾在北京居住,1992 年起担任该报的国际编辑。从他们的背景资料看,《澳大利亚人报》有自己的"专家"负责关于中国的报道。他们的稿件被大量采用,成为该报关于中国报道的主要来源。中国报道由专人负责,相关人员均具有相当的中国知识背景,这是《澳大利亚人报》涉华报道在来源方面最大的特点。换个角度看,有专属稿件来源,且来源专业,也是一份大报应具备的条件。

其次,这些作者中有些本身不属于《澳大利亚人报》的记者。根据 Factiva 数据库的信息,如 Lenore Taylor 和 Amanda Meade 属英国《卫报》(*The Guardian*);Natasha Robinson 属澳大利亚广播公司(Australia Broadcasting Corporation);Paul McGeough 服务于《悉尼先驱晨报》(*Sydney Morning Herald*),也为《时代报》和《堪培拉时报》(*Canberra Times*)撰写文章;Catherine Armitage 服务于《悉尼先驱晨报》,同时也为《堪培拉时报》《时代报》和《伊拉华拉水星报》(*Illawarra Mercury*)撰写文章;Patrick Walters 属《塔尔萨世界报》(*Tulsa World*);还有 Stephen Smith 服务于《金融时报》(*Financial Times*) 和《西部新闻晨报》(*Western Morning News*)。这部分记者的稿件数量不多,来源多是澳大利亚本土报纸和部分英国报纸,这恐怕与澳大利亚的英联邦属性密切相关。

可见,新闻稿件的来源,《澳大利亚人报》并不局限于自有渠道,而在多方面有着更为广泛的渠道。这恐怕与新闻业的一个特点有关,即一些权威较高的报纸往往会成为其他报纸的新闻来源,这些记者所属的各家报社都相当有名望。

上面的分析中也已提到,各大报社之间无法完全避免互相影响,即使是不同的报纸,在新闻框架的构建上亦不免会有相似之处,特别是一些发行量大的权威性主流报纸往往能代表绝大多数人的观点。这在涉华报道上亦是如此,因此,对澳大利亚某一份或两份主流报纸的研究,可以作为了解澳大利亚媒体所塑造的中国国家形象及所采用的涉华报道新闻框架的参考。

三、标题立场分析

标题是新闻的眼睛,在阅读新闻的时候,首先读到的就是标题,标题会最先把与后面详细报道内容有关的核心信息传递给读者,同时,还能让读者了解报道的倾向与立场。在与"热比娅"事件相关的47篇不重复刊登的新闻中,根据标题和报道的主要内容进行分类,得到表3.7:

表 3.7 《澳大利亚人报》2009 年 7 月—2009 年 10 月"热比娅"事件相关涉华报道报道内容和标题态度分类

报道内容	标题是否含有表达态度的关键词			合计
	不含有	含有		
		肯定	否定	
事件情况报道	2	0	2	4
中国的处理和态度	0	6	4	10
澳大利亚的处理和态度	6	2	2	10
事件的后续影响	11	3	7	21
事件发生的原因	0	2	0	2
合计	19	13	15	47

资料来源:根据 Factiva 数据库所供数据整理而成。

在大部分情况下,报道的标题已经表达了新闻的态度,即对相关内容的看法是肯定还是否定。

首先,对这一系列事件的导火索——"新疆7·5事件"进行报道的新闻数量非常有限。新疆骚乱发生于7月5日,但《澳大利亚人报》直到7月23日才刊登第一篇相关报道,而且内容并非针对骚乱事件本身。这篇新闻是关于由于墨尔本电影节主办方准备在电影节期间播放介绍热比娅的纪录片,邀请她出席墨尔本电影节开幕式,三位中国导演决定撤回准备参展的电影,退出电影节的新闻报道。可见,在"新疆7·5事件"发生时,澳大利亚媒体并没有给予重视,甚至可以说,是忽视的。但当其他与澳大利亚相关的事件相继发生,事态进一步发展以后,澳大利亚媒体给予的关注度也呈直线上升。其实,从报道数量的时间分布表上也可以看出,报道数量的最高峰是在8月,而不是7月,到9月、10月,事件的影响还在,报道数量也较多,再往后,事态趋于平缓,只是在其他报道中仍会时不时提到由于这一系列事件带来的连锁影响。

其次,与中国的处理和态度相关的新闻标题中均带有明显的态度倾向。但在时间分布上,可以看到澳大利亚媒体态度的变化。前期以否定的态度为主,如8月初的 *China protests against visit by Uighur leader*, 8月中的 *Chinese pressure media-Call for press club ban* 等。随着事件的发展,中国的态度似乎发生了变化,更趋于缓和而不再咄咄逼人,澳大利亚媒体的新闻标题也显得更为肯定而积极了,如8月下旬的 *Australia feelings thaw in Beijing*, 10月的 *Chinese push to heal rift* 等,都是中国为了修补与澳大利亚关系的尝试。当然,这种局势的缓和也有澳大利亚政府的作用,陆克文在此期间不接见达赖喇嘛的表态,受到中国的欢迎。在中澳双方的共同努力下,两国关系逐渐恢复正常。

第三,澳大利亚媒体在评价澳大利亚政府的处理方式和所采取的态度时,似乎更加冷静客观,大部分的标题里都没有明确表示态度的关键词,而只是对事态或措施进行简述,如 *Diplomats must pull their heads in* 等;明确持否定态度的标题不多,仅有两篇,但都针对中国,标题分别是 CHINA HAS NO RIGHT TO CENSOR IN AUSTRALIA 和 *Freedom's not just another word for nothing else to lose*,这两个标题都明确表达了对中国行事方式的不满;另有两篇持肯定态度的新闻,标题分别是 *PM's stand on Beijing pleases Obama* 和 *We decide who gets visas*:PM,都表达了对澳大利亚现有立场的支持,对中国表现出一定的强硬态度。

第四,这一系列事件的影响范围很大,不仅涉及民族宗教,或政治外交方面,甚至还牵涉了经济贸易方面。在与事件后续影响有关的报道中,大部分都是受该事件波及的内容,尤以经济方面居多,如 *China's billions for gas-$50bn Gorgon deals* 等。这些报道大多都谈到了因"热比娅"事件而导致中澳关系紧张,进而影响了中澳两国的经济合作。大部分报道采取了比较客观的陈述方式。在表达明确态度的标题中,以否定态度居多,如 *Bad blood to worsen Chinese tourism*、*China's investment flooding offshore* 等,其中的关键词"worsen""offshore"是相对消极悲观的描述,表明澳大利亚媒体既看到了两国合作受阻,也看到了由于合作不顺所带来的损失。到事件后期,出现少量表示肯定态度的标题,显示两国关系出现缓和,经济合作开始复苏,如 *Re-enter the dragon:it's business as usual with China*,这个标题特别强调了与中国经贸合作的恢复;又如 *Conducting the revival*,表达了对未来发展的期待。这类标题虽然有些表明态度,有些未表明态度,但它们都是"热比娅"事件对两国关系影响程度及影响范围的最佳标注,中澳两国间的经济合作是两国关系的风向标。

最后,还有一类报道探讨了事件原因。在这部分报道里,澳大利亚媒体都站在"热比娅"一边,对其表示支持。文章有两篇,其中 *Courage of her convictions*,对热比娅本人进行了详细的介绍,完全不赞同她是一个恐怖分子,而相信她是在为她的人民斗争;另一篇 *Domestic fears dominate in China*,对中国的民主进行了质疑,将中国政府描述为专制政府,文中写道:"The government determines how much, if any, criticism reaches China."澳大利亚媒体根据自己的认知和掌握的情况,武断地认为热比娅的民主斗争有理有节,而中国政府的态度则强势不民主,不容许不同的声音出现,对所有持不同政见或观点的人一律采取压迫政策。报道中这种片面失实的观点对中国的国家形象产生了很大的负面影响,亟待修正。

四、新闻框架分析

经过上面的分析,对这些涉华报道的新闻框架作一个梳理,这一框架基本可以体现在以下四个方面:

(一)中国对热比娅的定位

在澳大利亚媒体所构建的这一新闻框架里,热比娅的个人形象完全不同于中国政府所定义的"恐怖分子"。相反,她有个人魅力"charismatic",也有勇气"courage",虽然能力有限"small",但在面对强大的中国政府时却能做到坚强不屈,"She is opposed to violence of any sort. Her people's struggle for self-determination is not a religious struggle, she says, and must be waged exclusively by peaceful means."("她反对任何形式的暴力。她表示,她的人民为了民族自决权的斗争不是宗教斗争,而且必须以和平方式进行。")澳大利亚媒体对热比娅所进行的描绘都是正面形象。虽然中澳两国媒体对热比娅的定位截然相反,但由于澳大利亚民众对澳大利亚媒体的熟悉度和信任度更高,因此,这种反差让澳读者相对更容易接受两条信息:一是热比娅是一个"了不起"的人,二是中国政府的说法值得怀疑。受此影响,在热比娅与中国政府的冲突中,澳读者会更倾向于质疑中国政府,而对热比娅表示支持。这是一个根本性的导向错误,他们没有意识到片面信息和固有偏见在这一观点形成中所给予的致命影响。但这一错误的认识却是相关新闻框架的基础,可以预见,以此为基础的新闻框架所构建的中国国家形象必然会出现歪曲。

(二)两国关系紧张

澳大利亚媒体在这个框架部分里,将两国关系紧张的主要责任归于中国。因为中国政府强硬的态度,所以造成了这样的局面。"The Chinese government tried to pressure the National Press Club into cancelling a nationally televised speech by Uighur leader Rebiya Kadeer, scheduled to take place today."("中国政府给国家记者俱乐部施压,意在使其取消一场原本安排在今天的热比娅全国电视讲话。")在澳大利亚媒体看来,中国政府"反应过度",不仅对热比娅的相关活动持完全否定的态度,还对澳方施加压力。"Kevin Rudd has decreed his government will never 'get a permit slip from another country' before deciding who should receive a visa to enter Australia, as the Coalition made contradictory statements about whether it agreed a visit by Uighur activist Rebiya Kadeer should have been allowed."("由于联合政府对是否应给予热比娅签证问题上表达了矛盾的态度,陆克文宣布澳大利亚政府在决定什么人可以获得入澳签证前不需要'从他国得到许可'。")中国政府对热比娅访澳及其他活动的抗议被认为"没有道理",澳媒表达了对澳大利亚政府的支持,在他们看来,给谁发签证是澳大利亚自己的事情,不需要得到中国的允许。中国对澳政府处理决定的干预,是对澳大利亚内政的指手画脚,不能接受。

(三)事件影响扩大

随着事态的发展,影响逐渐扩大到其他领域,尤其是经济领域,所受影响最大。"Diplomatic tensions are high due to the situation with the Rio employees and the recent visit to Australia of exiled Uighur Leader Rebiya Kadeer, …"("外交方面紧张的关系很大程度上是由于力拓员工的事件和最近被流放的维吾尔领导热比娅的访澳活动,……")中澳两国由于"热比娅"事件,外交关系高度紧张,经济合作受到影响。"Another tour operator said customers had expressed concerns about travelling to Australia. 'If you've never been to a country and all you know is the media reports on Rio Tinto and Rebiya Kadeer, then it's understandable some people will feel uncomfortable,' the Chinese tour operator said."("另一家旅游经营商表示游客表达了前往澳大利亚的担忧。'如果你从未去过那个国家,你所知的一切就是关于力拓和热比娅的媒体报道,那么,一些人会感到不舒服是可以理解的,'这家中国的旅游经营商说。")此外,旅游行业因两国关系紧张受到冲击,"热比娅"事件使中国游客的赴澳热情受到打击。

在这场两国外交的博弈中,虽然在一段时间内,中澳两国合作受到一定影响,但两国之间存在根本的共同利益,将两国联系在一起,为了两国共同的未来,这种僵持紧张的外交局面必然不能长期存在。这就要求在事件发展到某一阶段时,两国有默契地互相妥协,共同努力,以创造一个更和谐而有利于两国发展的国际环境,即该新闻框架的最后一个部分。

(四)两国关系缓和

由于"热比娅"事件而一度僵持紧张的中澳关系,在两国互有默契的让步与妥协下,开始出现缓和。第一篇有事态缓和信号的报道出现在 8 月下旬 *China still interested in Asia-Pacific plan*,文中提到"Australia's battered relationship with China has not diminished Beijing's support for Kevin Rudd's vision for an Asia Pacific community by 2020, the Prime Minister's special envoy said yesterday."("澳大利亚与中国受损的关系并未减少中国政府

对陆克文所提出的2020年亚太共同体这一愿景的支持,总理特使昨天说。")澳大利亚媒体对中国不会放弃澳大利亚这个合作伙伴表示了信心。

之后,在9月中旬,"Australia is back as a favoured destination for Chinese investment."("澳大利亚作为中国投资的热门目的地回到了大众视野。")中国与澳大利亚之间的经济合作开始出现复苏迹象,"The latest figures from Australian Education International show there has been little impact from the present tensions, with student enrolments from China across all Australian education sectors up 18.3 per cent in July on the same period last year."("来自澳洲国际教育的最新数据显示,两国紧张的关系并未对教育行业造成大的影响,澳教育领域中7月来自中国的学生注册数量较去年同期上升了18.3%。")其他方面的情况也同时出现转机。

10月,澳大利亚的一些动作在修复中澳关系上意义重大,如总理陆克文作出了不接见达赖喇嘛的决定。这一承诺对中澳关系是一剂最好的强心针。中国政府历来重视国家统一,无法接受外国政府接待达赖喇嘛等分裂分子的行为。陆克文的这一决定展现的是对中国友好妥协的态度;另外,在气候变化问题上,澳大利亚也有让步,"The federal government will use its compromise position on climate change to help repair its tattered relations with China, sending Climate Change and Water Minister Penny Wong on a flying visit to China next week as global shuttle diplomacy on the issue escalates ahead of December's Copenhagen meeting."["联邦政府将利用其在气候问题上的妥协来修复受损的中澳关系,下周气候变化与水资源部部长黄英贤(Penny Wong)将对中国进行闪电式访问,这是其在12月哥本哈根气候大会前开展的全球穿梭外交。"]为了将中澳关系从低谷拉回来,澳大利亚气候变化与水资源部部长黄英贤(Penny Wong),在哥本哈根世界气候大会之前,以妥协的姿态就相关问题访问中国。

澳大利亚的示好得到中国回应,"China and Australia will use the visit of Vice-Premier Li Keqiang, who arrives in Sydney tonight and is on course to become the Premier in two years, to re-boot the relationship that has hit the rocks this year."("中澳两国将以今日抵达悉尼的李克强副总理访澳来重启今年触礁的外交关系,李副总理将在两年内成为总理。")中国政府随即表明态度,曾一度被推迟的李克强副总理访澳行程终于实现,标志着两国关系重新步入正轨。

至此,这一新闻框架的最后部分搭建完成。

综上所述,"热比娅"事件所采用的新闻框架,可以这样总结:澳大利亚认为中国对热比娅的态度不对,而中国态度强硬,分歧使两国关系受挫,影响到其他领域,特别是经济领域,但在共同利益的驱动下,两国都作出让步,使两国关系重新步入正轨。

中国在新疆和西藏问题上,经常被西方国家所诟病。其中一个重要的问题是人权,西方国家似乎总将中国看作一个专制国家,难以容忍不同政见的存在,会对一些人进行迫害,却不能理解中国为了国家主权、国家统一而采取的相关措施。即使是号称"中国通",对中国非常了解的澳大利亚总理陆克文,在这个问题上也不认同中国。他在北京大学所做的演讲就曾表示"西藏的确存在重要的人权问题"。陆克文公开谈论这一敏感话题,批评中国的做法,却得到了澳大利亚国内舆论的广泛支持。这种普遍存在于西方社会的偏见对中国构建良好的国家形象非常不利,但要对建立于此偏见之上,普遍存在且存在已久的相关新闻框架作出修正,却困难重重。因为必须从根本观念着手,只有改变外国媒体或民众看待这个问题的角度,让他们了解背后的原因,才有可能获得理解,继而实现中国国家形象的修正。

第五节 本章小结

本章通过对《澳大利亚人报》关于政治安全和民族宗教领域代表性事件的相关涉华报道进行分析梳理,对中国在这两个主要领域的形象进行了构建,并分析了相应的新闻框架。

通过对《澳大利亚人报》关于《白皮书》涉华报道的整理,从"与中国并列出现的国家""高频短语分析"以及"中澳媒体对《白皮书》的态度比较"这三个方面分析政治安全领域里的中国国家形象。澳大利亚媒体构建起一个"强大""发展",但"解释乏力"的中国,这一形象引发澳媒担忧不安的情绪。接着,通过对"重要性""新闻立场"及"中国情绪"的分析,构建在报道这个主题时所使用的新闻框架。虽然澳大利亚媒体观点呈现多样化的特点,且存在部分较为客观的看法,但由于整个框架缺乏中国的观点,而使澳大利亚社会对中国的理解有所偏颇。

通过对《澳大利亚人报》关于"热比娅"事件涉华报道的整理,从"关键内容""重复出现的内容"以及"图片框架分析"三个方面对中国国家形象进行构建。在澳大利亚媒体的描述中,中国是一个"强势""顽固""现实"的国家,这一形象中"强势的态度和处理方式""固执坚持对热比娅的现有定位"受到澳媒的批评和否定。接着,通过对报道"重要性""消息源"及"标题立场"三个方面的分析,构建了在进行相关报道时所使用的新闻框架。澳大利亚媒体由于受到固有偏见和片面信息的影响,所构建的框架传达的是对中国的错误解读,对澳大利亚民众的观点造成负面影响,使他们不仅不能理解中国的态度,反而对中国的立场产生怀疑,对中国所采取的措施颇多不满,转而对热比娅诸多同情支持,要改变这一现状,中国任重而道远。

第四章

《澳大利亚金融评论报》涉华报道的个案分析

《澳大利亚金融评论报》是一份在经济金融领域声名卓越的报纸，曾屡获殊荣。该报在全球经济一体化的背景下发展迅速，除财经新闻外，兼顾政治和科技新闻，读者层次较高，以澳大利亚工商界人士和政府官员为主要读者群体，对经济高层有相当的影响力。

在第二章的总体分析中，《澳大利亚金融评论报》对经济领域的重大事件表现出极大关注。本章将经济贸易领域发生的重大事件"力拓案"作为主要研究对象，通过对该案的分析，构建中国在经贸领域的国家形象，以及在进行相关报道时，澳大利亚媒体所采用的新闻框架。

在陆克文执政期间，如果提到经济贸易领域的大事，非"力拓案"莫属。"力拓案"具有复杂的国际贸易、国际政治背景，它牵涉中澳两国的基本价值观、贸易关系及资源战略等大课题，成为中外媒体关注的焦点，被许多学者当作课题研究，对今后中国的经贸企业发展、对外合作，具有开阔眼界、应对未来的重要借鉴作用。

本章将以2009年7月5日—2010年3月29日"力拓案"正式开始到最后宣判为时间范围，以《澳大利亚金融评论报》的相关报道为样本库，以框架理论为主要理论依据，从"事件背景""两国态度比较""图片框架"三方面考察该报如何在"力拓案"的相关新闻报道中构建中国国家形象；接着，从"重要性""报道内容""新闻基调"三方面入手，对其中所采用的新闻框架进行分析，以了解澳媒体如何介入受众主观选择客观现实的过程。

第一节 "力拓案"相关涉华报道的中国国家形象分析

一、事件背景

"力拓案"的发生有其特殊的背景,脱离了这一背景便不能完全理解该案的发生发展。因此,首先,应对中国在澳投资的总体情况有所了解。从澳大利亚外国投资审查委员会(Foreign Investment Review Board,简称 FIRB)公布的协议投资额数据来看,从 2006—2012 年这六年时间里中国对澳协议投资额的变化如图 4.1:

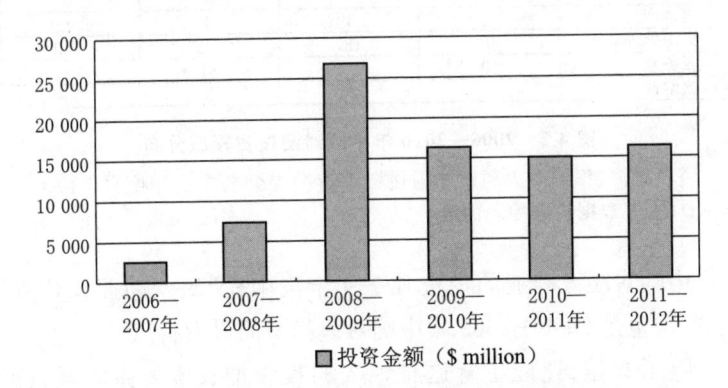

图 4.1　2006—2012 年中国对澳协议投资额

资料来源:根据澳大利亚外国投资审查委员会公布的年度报告(Annual Report)所供数据整理绘制而成。

将上图的时间轴与陆克文执政的时间轴进行对比,可见,2007—2010 年,即陆克文执政的这段时间前后,中国对澳大利亚投资金额的变化非常大。尤其是 2008—2009 年,呈爆发式增长,这一年的投资金额几乎是前一年度的 3—4 倍,超过之前 15 年中国对澳投资的总额。这样的投资增长速度放在任何一个国家都极为惊人。

再根据澳大利亚外国投资审查委员会公布的数据来了解这一时期中国投资领域的分布情况,见图4.2：

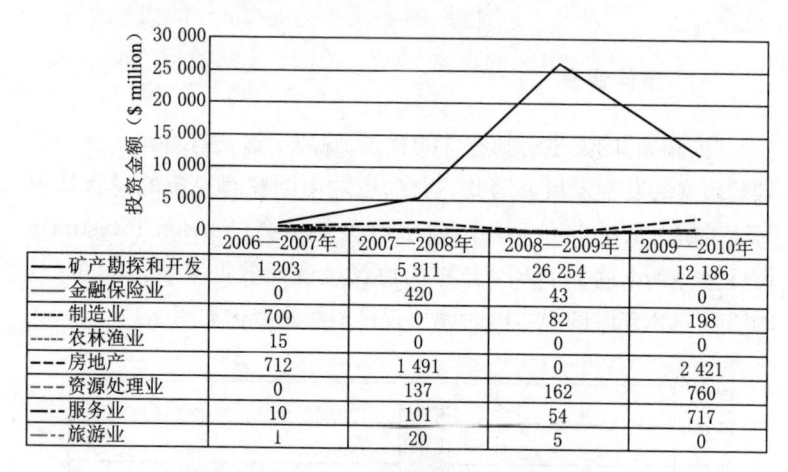

	2006—2007年	2007—2008年	2008—2009年	2009—2010年
矿产勘探和开发	1 203	5 311	26 254	12 186
金融保险业	0	420	43	0
制造业	700	0	82	198
农林渔业	15	0	0	0
房地产	712	1 491	0	2 421
资源处理业	0	137	162	760
服务业	10	101	54	717
旅游业		20	5	0

图 4.2　2006—2010 年中国对澳投资领域分布

资料来源:根据澳大利亚外国投资审查委员会公布的年度报告(Annual Report)所供数据整理绘制而成。

中国对澳大利亚的投资几乎完全集中在"矿产勘探和开发"领域,这也是 2008—2009 年中国对澳投资的最大特点。

除了数据,还应了解这种惊人的投资增长所发生的背景条件,主要有以下三个方面:

首先,2008 年的经济危机使诸多澳大利亚企业陷入资金困难,急需大量资金以帮助公司度过困难期,继而得以生存和发展。2009 年 2 月,力拓集团(Rio Tinto Group)面临 387 亿美元的债务重压,其中 89 亿美元债务将于 10 月到期,在面临业务萎缩、现金流枯竭的困境时,力拓向中国铝业股份有限公司(简称"中国铝业"或"中铝")请求资金解决难题。双方达成中铝 195 亿美元的注资协议。所谓没有需求就没有市场,中国企业之所以能够进行如此高额的投资,必然也有相应的澳大利亚企业愿意接受,与之进行合作。

第二,2007年年底,陆克文当选总理。这个会中文的澳大利亚总理一开始以其"中国通"的形象充分赢得了中国人的好感。他流利的汉语、与中国的渊源,使很多中国人都对他会拉近中澳两国的距离,进一步促进中澳两国之间的发展合作充满信心。他本人也曾公开表示欢迎中国投资。实际上,对中铝注资这样的大手笔合作,一开始陆克文是赞同的,却未预料到反对党会强烈反弹,而使合作夭折。他本人在事件发展中也承受了很大压力。尽管如此,陆克文在离开总理府,担任外长接受采访时仍然表示:"我们对中国投资很开放。"(陈竹、赵剑飞,2010:47—49)这种友好欢迎的环境和积极期待的情绪为两国之间进一步的合作打下了良好的基础,也促使更多的中国企业去澳大利亚投资。

第三,中国大规模开展基础建设来刺激经济的发展。中国本就是能源消费大国,能源消费总量位居世界前列,而且对进口能源的依赖度逐年提升。开展大规模的基础建设意味着对能源和资源的更多需求,使中国对进口能源的需求更盛。中国的近邻——澳大利亚拥有丰富的能源资源、矿产资源等中国所需的自然资源,加上地缘的优势,澳大利亚在向中国出口原料方面拥有巨大潜力。在这样一个背景下,作为一个比较可靠的资源供给方,澳大利亚对中国企业的吸引力不言而喻,加强中澳之间的合作,有助于促进互利共赢。

中国对澳投资的迅猛增长是由这三大因素叠加的市场环境和世界局势共同促成的。但不管当时的环境背景如何,这样惊人的增长速度,不免会引起澳大利亚社会的广泛关注。由于中国公司不断对澳大利亚资源型企业展开收购或入股投资,澳大利亚国内对国有自然资源、战略资源归属权流失的担忧不断加剧。在这种背景下,"力拓案"成为全社会关注的焦点,成为两国在资源、经济、外交上博弈的筹码。

当时,该事件虽是中澳两国甚至世界各国媒体争相报道的新闻,但两国政府的态度却惊人默契:对中铝被逐出力拓一事,陆克文声称,这是企业行为,不会影响中澳两国的友好关系;胡士泰等人被捕,中方则声称是司法事件,会依法处理,不会影响澳企在华投资。可见,两国政府均不想让此事件对两国关系造成太大影响,阻碍合作。

二、 两国态度比较

这一部分根据澳大利亚媒体的报道,对两国态度进行整理分析,即考察在澳大利亚媒体眼中,中方和澳方对"力拓案"分别采取什么态度?在事件发展中起到什么作用?

众所周知,整份报纸中,最核心最重要的是头版新闻。因此,以头版新闻为研究对象是可用于分析两国态度的行之有效的方法。这里对《澳大利亚金融评论报》上与"力拓案"相关的15篇头版新闻进行整理归纳,参见表4.1:

表4.1 《澳大利亚金融评论报》2009年7月5日—2010年3月29日"力拓案"相关的头版新闻里中澳两国行动/态度对比

报道时间	中国的行动/态度	澳大利亚的行动/态度
7月9日	1. Rio Tinto executives had been detained on suspicion of stealing state secrets (1.力拓经理因涉嫌盗窃国家机密被拘留)	
7月10日	1. Rio Tinto executive detained for stealing state secrets guilty(1.力拓经理因盗窃国家机密罪被拘留) 2. had sufficient evidence to prove(2.有充足证据证明)	1. adopt a measured approach in dealing(1.采取了谨慎方式处理)

续表

报道时间	中国的行动/态度	澳大利亚的行动/态度
7月13日	1. a push by Beijing to reassert centralised control over iron ore price negotiations(1. 中国政府推动重申对铁矿石价格谈判进行集中控制)	1. is preparing for a long diplomatic battle(1. 准备长期外交战) 2. resist opposition calls for more aggressive, high-level government intervention(2. 反对更激进、高层的政府干预)
7月14日	1. China's peak iron ore negotiator is open to new talks(1. 中国铁矿石谈判代表接受新对话)	1. stepped up the pressure on China for more information(1. 向中国施压以获得更多信息)
7月15日	1. The Chinese crackdown on iron ore trading has widened(1. 中国对铁矿石贸易的严厉措施范围扩大了)	1. took a cautious approach on the future of bilateral economic relations(1. 对两国经济关系的未来采取谨慎态度)
7月16日	1. reassured Australia about the bilateral economic relationship(1. 再次向澳大利亚保证了两国经济关系不受影响)	1. reminding Beijing it had big economic interests(1. 提醒中国政府其有巨大的经济利益) 2. warns Beijing world is watching(2. 警告中国政府世界正在看着)
7月20日		1. Iron ore pricing negotiations with China will never be the same again. Nor may commercial relationships(1. 与中国的铁矿石价格谈判将再不相同,经贸关系抑或如此)

续表

报道时间	中国的行动/态度	澳大利亚的行动/态度
7月31日 (1st edition 2nd edition)	1. has not hurt bilateral relations or his country's reputation(1.并没有伤害双边关系或澳大利亚的信誉) 2. The Stern Hu case is an isolated consular case(2.胡士泰案是个案)	
8月13日	1. BHP was unaware of any investigation by the Chinese authorities into its own activities(1.必和必拓并没有受到中国政府的任何调查)	
8月19日	1. buy \$50 billion worth of Australian gas over the next 20 years(1.将在未来20年购买价值500亿美元的澳洲天然气)	1. Sino-Australian relations are under stress(1.中澳关系面临压力)
9月9日 (2篇)	1. stepped up its campaign to snare strategic stakes in second-tier Australian mining assets(1.加快获取澳大利亚二级矿产资源)	1. weighed heavily on directors' minds(1.对领导的想法有很大影响) 1. the latest list of applicants have a smooth passage through the FIRB easier(1.最近的申请在外国投资审查委员会较易获得通过)

续表

报道时间	中国的行动/态度	澳大利亚的行动/态度
12月11日		1. the government gave foreign governments too much ownership of Australian assets (1. 政府给予外国政府过多的对澳大利亚资产的控制权) 2. instructed the Foreign Investment Review Board to improve its communications with Chinese and Japanese investors(2. 指示外国投资审查委员会改善其与中国、日本投资者的交流) 3. is calling for tougher rules on all sovereign investment in the mining industry(3. 呼吁在矿产业对所有的主权投资采取更严厉的规定)
1月6日	1. bid for major equipment supplier to Australia's national broadband network (1. 投标澳大利亚全国宽带网络的主要设备供应商)	1. unease about Chinese investment(1. 对中国投资担心)

资料来源：根据Factiva数据库所供数据整理而成。

首先，共有9篇头版新闻刊登于2009年7月，即"力拓案"发生之初，可谓"一石激起千层浪"。7月16日以前，头版新闻上几乎天天可以看到"力拓案"，充分反映了这一事件产生的影响之大。

其次，可以看到中澳双方在"力拓案"发生以后态度的互动变化。由于表格较长，不易观察两国态度上的互动，为了更清晰地呈现这一过程，通过综合归纳，可以得到图4.3：

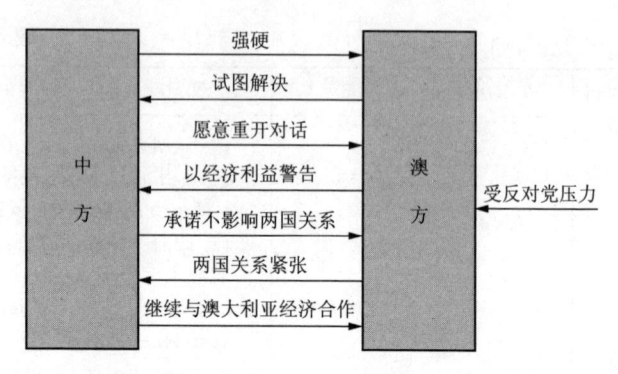

图 4.3 中澳两国对"力拓案"事件的态度变化

图 4.3 可较为清晰地展示双方在"力拓案"上的博弈,中澳两国在整个过程中互相试探互相妥协,到最后,默契地接受双方都能认可的结果。在澳大利亚媒体看来,促成两国达成默契而不再继续对抗最为关键。因而,在此之后,案子的判决结果就不能再大量吸引澳媒的关注。从报道情况上看,到事件后期,特别是 3 月案子真正开庭审理宣判时,虽仍有一些报道,但再没有头版新闻这样体现重要性的报道出现。

再看澳大利亚政府在处理这一事件时态度变化的过程和情况。"力拓案"发生后,陆克文政府表示会采取谨慎而经过斟酌的方法来处理,但反对党表达了不同的意见,强烈要求采取更强势更高层的手段,不断给陆克文政府施压,到最后,陆克文以"中国在澳的巨大利益"以及"世界的关注"对中国政府提出了警告。陆克文政府的这一表态较之前,态度趋于强硬。这是澳大利亚国内执政党与反对党之间角力的过程,也是多党执政情况下常会出现的情况,即执政党在面对质疑和挑战时,反对党往往会选择给予更大的压力而借机提高自己的支持率,创造对自己更有利的舆论环境。

在"力拓案"中,中国政府并不希望两国在经济等各方面的合作真正破裂,及时表态不会伤害两国的经济利益,但"力拓案"毕竟牵涉甚广,不但引起了中澳两国贸易关系的紧张,造成一些国际企业对中国投资环境的担忧,而且出现中国国内部分钢企疏离国外企业的情况,之前进行中的铁矿石谈判也受此影响而不得不中止。持续扩大"力拓案"的影响将不利于营造良好的经济环境,不利于中国的经济发展,因此,随着事件的发展,中国政府的态度也在悄然发生变化。

同时,澳大利亚政府也积极努力与中国政府沟通。2009年7月,澳大利亚外交部长斯蒂芬·史密斯(Stephen Smith)要求中国方面通报更多中国国家安全部门拘留力拓澳大利亚籍雇员胡士泰的细节。澳大利亚总理陆克文在国内的压力下,亦表示可能与中国领导人取得联系,就力拓上海办事处四名员工被中国方面拘捕一事进行会谈。

在此背景下,当胡士泰等人在2009年8月11日被正式批捕时,罪名从"stealing state secrets"(窃取中国国家秘密)降格为"stealing commercial secrets and taking bribes in China"(涉嫌侵犯商业秘密罪和非国家工作人员受贿罪)。紧接着,8月12日,中国钢铁工业协会(the China Iron and Steel Association,简称CISA)常务副秘书长罗冰生在接受中央电视台采访时表示,完全支持,完全拥护,完全赞同国家执法部门所采取的这些行动。商务部副部长傅自应表示,"力拓案"是发生在中国境内的一个司法个案,不至于,也不应该影响中国和澳大利亚双边经贸关系的健康稳定发展。这一表态已将2009年7月9日,中国外交部发言人秦刚在新闻发布会上所说的胡士泰等人"涉嫌为境外刺探和窃取中国国家秘密""给中国的经济利益和经济安全造成了严重损害"的定性降级为2009年7月18日,澳大利亚外长史密斯与中国外交部副部长何亚非进行沟通后所表示的"商业和经济事件"属于中方所定义的国家机密。至此,"力拓案"不再使用"间谍"一词。

在整个过程中,从双方政府高调表态到最后政府参与协调沟通,"力拓案"最终走到中澳两国都能接受的结局。

另外,在"力拓案"后期,澳大利亚外国投资审查委员会由于其在审查外国投资项目上的重要作用而备受关注。中国或其他国家在澳大利亚进行投资,必须经过外国投资审查委员会的严格审核。不是所有企业都能顺利通过审查,比较著名的有中国五矿集团对澳大利亚矿业巨头 OZ Minerals 的 26 亿澳元的收购交易就曾因外国投资审查委员会而受阻。"力拓案"发生以后,2009 年 9 月 24 日,澳大利亚外国投资审查委员会委员帕特里克·科尔默(Patrick Colmer)在悉尼举行的"澳中投资论坛"上,明确对在场的中国企业家、官员和媒体表示,澳大利亚不会允许在本国大型企业中,外国投资者持股比例超过 15%。这是澳大利亚官方首次明确对外国投资者提出限制标准,其来源就是"力拓案"发生之后,外国投资审查委员会出台的"六条原则"中的一条,即针对外国企业的投资上限。但也有观察家认为,同样因为受到"力拓案"影响,为了改善两国合作关系,当中国企业再次展开在澳大利亚的投资活动时,外国投资审查委员会对中国企业的审核可能会放松一些。

实际上,这里同样存在澳大利亚国内政党间的博弈,反对党公开质疑和攻击政府对外资审查的合理性,认为政府在国家资产上给予外国政府或企业过多自主权,要求在矿产控制权等方面建立更严格的投资制度。陆克文政府虽予以反击,但也不得不承诺在制定与外国投资有关的政策方面要做更大努力,以改变目前企业抱怨规则、手续、操作不透明的现状。可见,澳大利亚国内执政党和反对党之间的博弈对中国在澳的投资也产生了后续影响。

最后,在"力拓案"对两国关系和澳大利亚国内政局产生巨大影响的同时,中国企业对澳进行投资的步伐并没有停止。8 月 19

日,就在案件发生一个多月后,中国最大的石油公司——中国石油天然气股份有限公司(简称"中国石油"或"中石油")就与埃克森美孚公司签订了一份价值约 500 亿美元的澳大利亚天然气合约,该天然气来自埃克森美孚在澳高庚(Gorgon)项目中的权益气。澳大利亚能源部部长马丁·弗格森(Martin Ferguson)出席了签约仪式,并表示,按目前的天然气价格计算,这宗交易在今后 20 年间价值 410 亿美元,是澳大利亚有史以来最大的单笔贸易协议;9 月,中国广东核电集团旗下中铀发展公司参与竞标澳大利亚铀矿开采商能源金属有限公司(Energy Metals Limited)70%所有权;还有中国铁路物资总公司计划用 1 260 万澳元收购澳大利亚矿商 FerrAus 12%的股权。这些大手笔的投资并没有因为"力拓案"而停滞不前,反映出中澳之间贸易和投资关系持续强劲。尽管如此,两国间的合作关系与之前亦不再相同。

三、图片框架分析

"力拓案"发生发展期间,《澳大利亚金融评论报》为"力拓案"相关新闻配图 11 张,其中有一张是作者的头像和内容导读,虽然增强了文章的吸引力,但与中国国家形象并无过多联系,因此不予讨论。针对剩下的 10 张图片,将从图片内容和图片基调两个方面进行分析:

(一) 图片内容分析

首先,在剩下的 10 张图片中,按图片内容,可分为人物形象、细节场景、象征标志这三类。

1. 人物形象图片

人物形象图片,即图片内容以人物形象为主,共有四张,其中两张与"力拓案"有直接关系,而另两张则关系不大,这里主要对有直接关系的两张图片进行分析。图片如下所示:

图片来源:《澳大利亚金融评论报》2009 年 7 月 15 日头版新闻 *China widens probe into iron ore trade* 的配图。

图片来源:《澳大利亚金融评论报》2009 年 7 月 31 日头版新闻 *China envoy speaks out on Rio exec* 的配图。

两张图片上的人物是中澳双方在"力拓案"发生以后分别代表政府说话的人,一个是澳大利亚财政部长韦恩·斯万(Wayne Swan),另一个是中国驻澳大使章均赛。第一张图片中韦恩·斯万背后很大的空白背景上清晰地写着"RIO TINTO-ANU·CHI-

NA PARTNERSHIP"(力拓—澳大利亚国立大学·中国伙伴关系)的字样。这一背景与力拓曾出资在澳大利亚国立大学设立专门对中澳合作进行研究的项目有关,值得注意的是,图片背景中的中国是"伙伴关系",但韦恩·斯万所发表的言论却是与胡士泰被捕一事有关,这种内容与背景的巨大反差传递着讽刺的信息和情绪。

其次,韦恩·斯万几乎只有头部出现在照片上,表情急切地在说话,也从侧面体现了澳政府当时面临压力的实际情况;对比来看,章均赛大使的图片背景充满了中国元素,整张图片处处都在提醒观者这是中国的代表。另外,章大使单人独照,表情严肃,姿势僵硬,显得有些令人难以亲近,这恐怕也反映出当时在澳大利亚媒体眼中的中国国家形象,固执而难以交流沟通。两张图片分别在背景设置、人物姿态等方面形成鲜明的对比,影射当时的局势。

另两张图照片与前两张图片不同,都是小图片,所占版面极为有限。

图片来源:《澳大利亚金融评论报》2009 年 12 月 31 日—2010 年 1 月 3 日专刊 *PERSPECTIVE* 的新闻 *The China Quiz* 的配图。

图片来源：《澳大利亚金融评论报》2010年1月12日 *Need to know* 新闻提要 *Breakneck speed* 的配图。

第一张是启动中国改革开放的改革家"邓小平"的特写照，是作为介绍中国基本情况的专题新闻配图；另一张是中国工人的集体照，背景的"CHINA SHIPPING"表明这些是中国的船运工人，这是介绍中国经济发展情况的新闻提要上所使用的配图。由于两张图片本身与"力拓案"并无直接关系，这里不作进一步分析。

2. 细节场景图片

这类图片现场感较强，一般是对事件细节的展现，在"力拓案"的相关新闻里共有两张：

这张是火车运输的图片。在"力拓案"发生后不久，澳大利亚第三大铁矿石出口商福特斯库金属公司（Fortescue Metals）就与中国钢企达成铁矿石价格协议，定价较2008—2009年度的水平下调35%。这份协议令澳大利亚媒体非常不满，他们认为这是澳大利亚在贸易问题上对中国妥协，澳大利亚政府或企业不应对中国采取这样让步的态度。图片上的火车让人感到大量的澳大利亚铁矿石被运往中国。图片本身并没有什么特别的倾向，但配上相

第四章 《澳大利亚金融评论报》涉华报道的个案分析

113

图片来源:《澳大利亚金融评论报》2009年8月18日头版新闻 *Fortescue breaks ranks in China deal* 的配图。

关新闻后,就容易形成一种暗示,让澳大利亚读者感觉本国资源以一个较往年低得多的价格被贱卖了,蕴含着一种不情不愿不甘的情绪,是在贸易上向中国放低姿态进行妥协,隐晦表达了对此事的不满。

图片来源:《澳大利亚金融评论报》2009年12月29日—2010年1月3日专刊 Review 新闻 *China tests its metal* 的配图。

另一张图片与"力拓案"无直接联系。图片上,一位工人正在进行混合动力汽车的生产调试,但混合动力汽车需要用到稀有金属。澳大利亚媒体通过这一场景向读者描述中国迅猛发展的汽车产业,从一个侧面论证中国对金属资源潜在的大量需求。

这两张细节图片不如前述的两张"人物形象图片"与"力拓案"的关系密切,且刊登时间距"力拓案"的发生已有数月,但却不仅间接展示了"力拓案"发生的部分潜在原因:中国对铁矿石资源的需求及中国产业的发展,也展示了事件的后续发展:中澳铁矿石贸易继续及中国对资源的持续需求。

3. 象征标志图片

这类图片使用象征性标志,共有四张。其中,有一张是关于"力拓案"新闻的内容导读,配以一张中国国旗的小图片代表中国。图片在表达事件本身的观点或情感上作用不大,仅作简单展示。

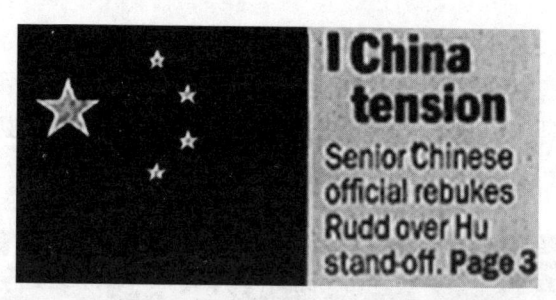

图片来源:《澳大利亚金融评论报》2009年8月3日头版新闻提示 China tension 的配图。

另有三张大图,占了大比例的版面,其中第一、第二张均出现在周末版头版,对读者的视觉冲击非常大。这三张图,分别用龙的样子、工人的形象以及中国的汉字来代表中国,可见,在澳大利亚媒体眼中,"龙""工人阶级"和"汉字"是中国的代表性元素,这与国外媒体对中国的传统印象相符。

第四章 《澳大利亚金融评论报》涉华报道的个案分析   115

图片来源:《澳大利亚金融评论报》2009 年 8 月 22 日—2009 年 8 月 23 日周末版头版新闻 *RESOURCES BOOM* 的配图。

图片来源:《澳大利亚金融评论报》2010 年 3 月 20 日—2010 年 3 月 21 日周末版头版新闻 *CHINA RULES OK*！的配图。

第一张图片上的主要内容是"龙"张着大嘴要吃东西,英语说明是"RESOURCES BOOM"("资源热潮"),图文结合,反映了中国这条巨龙对资源的巨大胃口。

第二张图片上的主要内容是两个"工人"昂首挺胸大步前行,配的英文说明是"Some investors are becoming concerned about the power of China's boom over our share market and economy."("一些投资者开始担心中国热潮对我们的股票市场和经济领域的影响力。")图文配合既向读者展现出中国一往无前的强势发展姿态,又表达出对中国在这种高速发展的背景下,在澳大利亚大量投资可能造成负面影响的担忧。

图片来源:《澳大利亚金融评论报》2009年12月31日—2010年1月3日专刊 PERSPECTIVE 新闻 The China Quiz 的配图。

第三张对中国人来说可能并不算真正的图片,图片内容是"中国"这两个汉字。由于汉字本身对西方人来说就像是图片,有"每个汉字都是一张图片"的说法,所以从澳大利亚媒体的角度出发,推测它极有可能是作为一张图片使用,但在传递的信息上不如前两张丰富,而仅仅是作为中国的标志出现。

(二)图片基调分析

这些图片本身都没有包含明显的暴力、冲突、愤怒的负面情绪,抑或者是欢庆、愉悦、合作的正面情绪,基本中立。

若结合新闻内容进行理解,则可以看到这些图片有增强新闻所含信息冲击力的作用。人物形象图片中两个主要人物虽没有明显的正面或负面情绪展示,但由于所处背景和姿态的对比,更好地传达了澳大利亚面临压力却难以与中国沟通的信息;细节场景图片与象征标志图片中虽多与"力拓案"无直接关系,却集中传递了一条信息,即中国对能源的需求量大。这虽可能是一件好事,能对澳大利亚经济形成有效支撑并推动其发展;但亦有另一种可能性,即由于中国的大量投资,中国政府或企业会掌握对澳大利亚自然资源的控制权,使澳大利亚处于不利的地位,澳媒体对这种情况的发生表示担忧。

四、"力拓案"相关涉华报道中的中国国家形象

根据上文针对"力拓案"背景、中澳两国态度及图片框架三个方面的分析,对这一时期澳大利亚媒体眼中的中国国家形象作出总结,使用关键词如下:

(一)能源"大"国

能源"大"国的"大"有两方面的含义:一是能源消耗量"大",中国每年的能源消耗量位居世界前列,这在《澳大利亚金融评论报》上被多次提到,也是中国的实际情况;二是能源需求量"大",澳大利亚媒体曾多次对中国未来的能源需求作出预测,在《澳大利亚金融评论报》上也多有提及。这两点是"力拓案"发生的重要原因,正因为中国每年需要消耗大量的铁矿石,且高度依赖进口,是世界最大的铁矿石进口国,才会与澳大利亚企业进行一年一度的铁矿石谈判。2009年,在谈判进行的敏感时期,"力拓案"发生。此案也被看作是中澳两国在能源、投资等经济领域的一次博弈。

(二)控制欲"强"

这个"强"有两个意思:一是对内控制欲"强",澳大利亚媒体

对中国政府经济方面的政策颇多微词,认为中国限制外资对华投资。当"力拓案"发生后,没有及时的信息披露,司法程序不透明,涉嫌借政府之手控制市场。二是对外控制欲"强",对澳大量投资,收购澳企的股份,意欲控制澳大利亚的企业和资源,还想对现有体系发起挑战,建立国际新秩序。中国根据本国国情制定的经济政策,中国企业根据市场情况确定的投资方略,在澳大利亚媒体眼中却显得别有用心。受此影响,中国在"力拓案"上所采取的措施在澳媒的描述中呈现出控制欲强的特点,是推动"力拓案"进一步发展的动因。虽然承认中国对澳大利亚经济的重要性,但同时认为政府不可对中国服软,反对党在这一点上亦给执政党,特别是陆克文本人诸多施压。

(三)总理的"朋友"

在"力拓案"的相关新闻中,特别是阐述澳大利亚国内观点的这部分新闻中,陆克文总理的做法引起诸多非议。当陆克文表示要谨慎处理该案时,有反对意见认为应以强硬态度处理;当陆克文在为该案斡旋时,又有观点谴责政府给予外资过多权利控制澳大利亚资源。在"力拓案"发生发展的过程中,陆克文始终站在风口浪尖,承受着巨大的压力,这与其"中国通"的背景不无关系。陆克文担任总理后,中澳两国过于亲密的合作以及增长过于迅速的投资金额引起了许多人的担忧,这些负面情绪随着"力拓案"的发生而爆发出来。

中国与陆克文的关系在澳大利亚媒体的分析中存在分歧。一种认为中国与陆克文是"真朋友",总理与中国确有特殊关系,站在中国一边,给中国特殊的待遇,在经济上大开方便之门,让中国逐渐控制澳大利亚的企业和战略资源;另一种则认为中国与陆克文是"假朋友",总理是澳大利亚的总理,与中国之间并无特殊关系,两个政府之间是正常的国家关系。

在"力拓案"的处理上,对陆克文的评价多有不同。有人认为总理并不真正了解中国,因而无法处理好与中国的关系;有人认为总理虽了解中国,也采取了正确的方式方法,但在改变事件结果上无能为力;也有一些人认为总理了解中国,他已经处理得够好了。

陆克文与"中国"的渊源虽助他登上了总理之位,但在他任职期间,却变成一个更大的挑战,一定程度上的负资产,被澳大利亚媒体揪住,从不同角度予以评述。在总理这个本就难以让所有人满意的位置上,陆克文更是如履薄冰,寸步难行。

第二节 "力拓案"相关涉华报道的新闻框架分析

"力拓案"的发生并非偶然,从中铝注资力拓就已埋下种子。经过前期事态发展,2009 年 7 月 5 日,上海市国家安全局对胡士泰、王勇、葛民强、刘才魁等四名力拓员工进行刑事拘留,标志着"力拓案"正式开始。八个多月以后,2010 年 3 月 22 日,上海市第一中级人民法院第一法庭开庭审理广受关注的"力拓案"。一个星期后,2010 年 3 月 29 日下午,"力拓案"的一审判决由上海市第一中级人民法院作出,认定胡士泰、王勇、葛民强、刘才魁非国家工作人员受贿罪、侵犯商业秘密罪成立,对四人分别判处有期徒刑 7—14 年不等。随着法院的宣判,"力拓案"也告一段落。

这一部分将从重要性、基于标题的报道内容及新闻基调三个方面对"力拓案"的新闻框架进行分析。

一、重要性分析

一则新闻是否受到重视,受到多少重视,主要看该新闻在整份报纸中的所处的位置——版面,以及它所占的比例——篇幅。参考这两个指标来观察"力拓案"是否受到澳大利亚媒体的重视。

2009 年 7 月 5 日—2010 年 3 月 29 日期间,以"力拓案"关键人物"Stern Hu"为关键词,在 Factiva 数据库中搜索《澳大利亚金融评论报》所刊登的与中国相关的新闻,共获得 175 篇,按照篇幅和版面分布进行统计,篇幅分为短篇(300 字以下)、中篇(300—1 000 字)、长篇(1 000 字以上),可得到表 4.2:

表 4.2 《澳大利亚金融评论报》2009 年 7 月 5 日—2010 年 3 月 29 日关于"力拓案"相关报道的篇幅与版面统计

篇幅	数 量	比 例	版 面		头版比例
			头版	非头版	
短篇	13	7.43%	0	13	0
中篇	130	74.29%	5	125	3.85%
长篇	32	18.29%	12	20	37.5%
合计	175	100%	17	158	9.71%

资料来源:根据 Factiva 数据库所供数据整理而成。

首先,虽然这一期间"力拓案"相关新闻的头版率不算高,略低于 10%,但进一步仔细观察,就会看到,头版新闻 100% 是中长篇新闻,其中长篇新闻的头版率更是达到近 40% 的惊人比例。其中,2 000 字以上的超长新闻有好几篇。虽然对于寸土寸金的头版来说,几乎不可能完全登载这么长的文章,而一定会采取转版的方式,但这并不影响其作为头版新闻的地位,对新闻的重要性来说并不会造成影响。长篇新闻一般以深度报道或评论居多,而一个事件近 40% 的深度报道或评论能登上头版,那么,这个新闻必然引发全社会的关注,属大事件之列。

其次,一般来说,短篇新闻都是事实陈述性质的快讯或消息等,读者的关注度及引起讨论的可能性不如中篇新闻,而长篇新闻则能真正深入地表达见解。从表 4.2 中这三种新闻所占比例来看,中长篇新闻占绝对多数,长篇新闻占约五分之一,中篇新闻有七成多,从篇幅的角度再次证明"力拓案"受到相当大的关注,引起社会的强烈反响。

第三,根据报道分布的时间可以得到图 4.4:

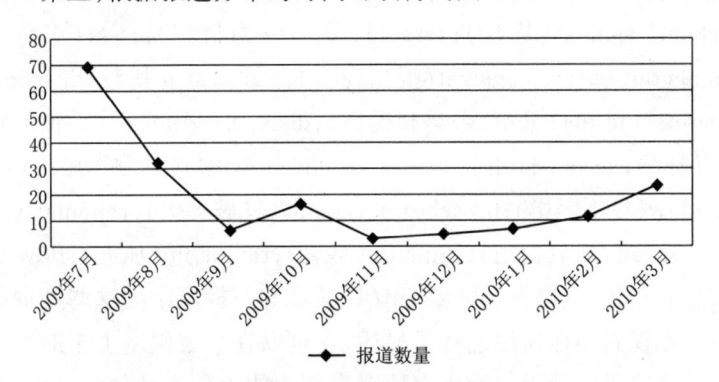

图 4.4 《澳大利亚金融评论报》2009 年 7 月 5 日—2010 年 3 月 29 日"力拓案"相关报道时间分布

资料来源:根据 Factiva 数据库所供数据整理绘制而成。

报道大部分集中在 7、8 月间,正是"力拓案"刚立案的时间,总量占全部报道的 58.38%,有 101 篇。这样高密度的集中报道,足见"力拓案"的发生在澳大利亚社会有一石激起千层浪的效果。虽有中铝注资等前期事态的铺垫,但仍不免让人震惊。7 月 5 日,胡士泰等人被逮捕;7 月 8 日,中国媒体对此事进行报道;7 月 9 日,《澳大利亚金融评论报》开始相关报道。此后一周时间,有 31 篇报道见诸报端,平均每天 4 篇以上,可谓真正的密集报道。从报道频率的角度,进一步验证了"力拓案"所引发的广泛关注。

二、基于标题的报道内容分析

(一)标题立场分析

标题是新闻的眼睛,以与"力拓案"相关的 175 个新闻标题为样本库,对澳大利亚媒体在构建中国国家形象时所采用的新闻框架进行分析。

构建国家形象,可以从应对事件的立场与倾向出发。在"力拓案"相关的标题中,表明国家立场的直接方式就是该国所采取的行为。在澳大利亚媒体的报道中,中国所采取的行为包括"claims against(指控);targets(以……为目标);says(声称);spells out charges against(提出控告);soothes(安抚);whispers,secrets and lies(低语、密语和说谎);dismisses 'noise'(无视不同'声音');uses(利用);shows its fire(展现它的厉害);casts shadow(投下阴影);breaches covenant(打破约定);rebounds(反弹);speaks out(提出);signs up(签署);ramps up(加大);flow to(流向);offers(提供);blackout(封锁)"等。标题中的这些动词或词组不仅对事件情况进行了描述,还可以在一定程度上帮助对事件并不熟悉的读者对行为主体在事件中的地位进行判断,这是对新闻进行"架构"的一个方面。从澳大利亚媒体所表述的中国行为来看,在"力拓案"里,中方是强势而占据主动的,中国"提出指控、无视澳方的声音,使两国关系蒙上阴影",同时,又在特定情况下,"打破约定、签署新的合作协议、加大投资"。

澳方则显得较为弱势,采取的行为包括"dogged by(被……缠住);enmeshed in(陷入);caught between(困于);grills(盘问);take off the blinkers(取下眼罩);poses reality check(提出确认真相);caught in(被困住);keeping a weather eye on(保持警惕);fails to soothe(未能安抚)"等。澳大利亚在"力拓案"中,"陷入困境",需要在未来"保持警惕""认清现实"。

中澳双方的行为互为对比,共同构建"力拓案"里表现"中国强势主动"的新闻框架。

(二)重复的固定背景

在"力拓案"中,一些固定的事件背景会重复出现在报道中,虽然这些背景在报道中出现的位置可能不同,但往往在标题中可觅其踪迹,且若多次重复出现,就会给读者留下更深刻的印象,从

第四章 《澳大利亚金融评论报》涉华报道的个案分析

而达到"重复强化"的效果。

经过对175个标题的梳理,这种重复的背景描述可分为以下几个方面:

第一,铁矿石价格或铁矿石谈判。"力拓案"发生的时间非常微妙,正处于铁矿石价格谈判的关键时期。

"The moves come amid reports that the China Iron and Steel Association was backing down on its hardline calls for a 40 per cent cut in the benchmark price of iron ore and is now willing to accept a 33 per fall in line with Japanese and Korean steel mills."("这些行动发生的时间正是中国钢铁工业协会对铁矿石基准价降价40%的强硬要求被拒,而接受日朝钢铁企业33%的降价协定。")世界铁矿石供应主要由巴西淡水河谷(Vale of Brazil)、澳大利亚力拓和必和必拓(BHP Billiton Ltd.)三家垄断,每年基于这三大铁矿石生产商与其购买方之间的合约价格确定全球铁矿石价格。2009年,受金融危机影响,大中型钢厂亏损巨大,举步维艰,当年度的铁矿石谈判各方均默认铁矿石应降价。中国钢铁工业协会提出降价40%的要求,没有被三大矿业巨头接受,而日韩背弃中日韩三方的约定,与三巨头达成降价33%的协定。三大矿商与中国未能在6月30日(铁矿石谈判的传统截止日期)前达成协定,而陷入僵局。这一敏感时期发生的"力拓案"不仅导致中澳两国关系恶化,而且使铁矿石供应商与中国钢铁制造商之间的定价谈判更加复杂化。

同时,澳大利亚媒体还有观点将"力拓案"的发生与力拓集团撤销与中铝的战略合作交易协议一事相联系,认为这是来自中国方面的"报复","Instead, the presumption is that China is solely motivated by a dispute about iron ore contracts or a desire to punish Rio for suddenly backing off from a deal to sell a minority stake in the resources giant to the state-owned aluminium producer Chinalco."("反而,推测认为中国只是由于铁矿石纠纷或想

惩罚力拓而采取这一行动,力拓在向国企中铝出售股份的交易中突然毁约。")2009年2月,中铝与力拓达成协议,向力拓注资195亿美元以获取力拓18.9%的股份,但在6月,力拓单方宣布该交易告吹,转而与中铝的竞争对手必和必拓结盟,这一事件导致中铝与力拓关系紧张。

澳大利亚媒体将"铁矿石价格谈判"与"力拓单方面毁约"这两件事解读为"力拓案"发生的深层原因,似乎"力拓案"并不是真正的两国贸易冲突,而是中国为了达到自身利益借机挑起的事端,并由此确立该新闻框架中两国关系的基调,这非常不利于中国获得舆论支持。

第二,中国管理体制问题。"力拓案"的进一步调查将中国的钢铁业推到了风口浪尖,约20家中国企业受到牵连,以中国钢铁工业协会为领导的行业体制的合理性被质疑。

"The steel mills want the freedom to deal iron ore and trade on a spot basis, or against an iron ore index. Alternatively they could deal on a longer-term contract basis or a benchmark, and they also want the freedom to trade iron ore domestically. In contrast, the China Iron and Steel Association prefers a rigidly controlled industry with licensed importers of iron ore and obedient mills."("钢铁企业想要在现货基础上或是不受铁矿石指数控制进行交易的自由,抑或可以在长期合同或基准价基础上交易,他们还想拥有国内铁矿石交易的自由。与之相反,中国钢铁工业协会更希望这是一个由执照进口商和唯命是从的企业组成的受严格管控的行业。")中国钢铁工业协会是中国钢铁行业的全国性行业组织,但其中真正拥有话语权的大型国有钢铁企业并不具有广泛代表性,不能覆盖钢铁业全部利益主体。中小企业往往不能从谈判中获得实际的好处,而对中国钢铁工业协会主导铁矿石谈判及其制定的进口代理制度心存怨言。在澳大利亚媒体看来,

"力拓案"是中国以国家行为干涉商业行为,其目的在于解决国内钢企之间的不平衡,以增强中钢协对行业的控制。

同时,在澳大利亚,也有质疑甚至不认同中国市场经济地位的观点。

"As Trade Minister Simon Crean pointed out yesterday, China actively sought to be recognised as a market economy and Australia granted it that status. Australia was one of the few countries in the world to do so and now it appears that it is being singled out for harsh treatment. China is not acting like a market economy, with commercial dealings elevated to the status of state secrets and alleged industrial espionage placed in the same category as spying."("正如贸易部长 Simon Crean 昨天所指出的,中国积极寻求被认可为市场经济而澳大利亚承认了这一定位。澳大利亚是世界上少数这样做的国家之一,但现在却被挑选出来受到苛刻的待遇。中国将商业行为上升到国家机密的地位,将行业间谍定性为间谍,这不是市场经济国家应有的行为。")中国对"力拓案"的定位引起澳大利亚媒体的非议,他们认为中国政府对"国家机密"的定义有悖于市场经济体制。在一个真正的市场经济国家,政府不应干涉企业间正当的竞争活动。但在"力拓案"中,中国政府将企业的商业机密上升到国家机密的高度,将商业间谍活动等同于间谍活动,扮演了不恰当的角色,这一行为被澳大利亚媒体所质疑。

此外,在"力拓案"发生后,澳大利亚对中国的司法体制亦颇多抱怨。

"Consular officials expect to get access to Mr Hu today, but they would not necessarily be granted access to any possible impending court trial. An Australian lawyer in China said the authorities were under no obligation to reveal the specific allegations

Mr Hu faces."("领事官员今天会见到胡士泰,但他们没有获得任何近期可能的法庭审理的信息。一位在华的澳大利亚律师表示当局没有义务透露胡士泰所面临的特别指控。")在澳媒的相关报道中,在谈到"力拓案"的进展及后续的处理时,经常会看到难以从中国获得足够案件信息、难以与当事人取得联系的言论,给人一种中国司法"不公开""不透明"的错觉,使澳大利亚民众对中国政府在该案件中所起的作用心存疑虑,对案件的公正性产生怀疑。

虽然中国的经济体制、监管体制及司法制度确实存在需要进一步完善的地方,但澳大利亚媒体在对"力拓案"进行报道时,罔顾事件真相,不重点关注胡士泰等人的违法行为,而将中国可能存在的问题作为重点背景内容重复报道,这种构建新闻框架的角度明显有失偏颇。

第三,澳大利亚依赖中国市场。"Australia has historically been close friends with its major trading partners."("澳大利亚在历史上就与它的主要贸易伙伴是亲密的朋友。")中澳两国在经济领域的合作已经非常密切。"So the rupture with China on both the resources investment and sales fronts raises many questions about the future."("所以与中国在资源投资和销售上关系的破裂会引起将来的许多问题。")中国对澳大利亚经济发展的支持作用毋庸置疑,若与中国之间的经济合作由于"力拓案"而完全停滞,会使澳大利亚经济蒙受巨大的损失,这是澳大利亚方面所不愿见到的。"Nevertheless, the critics who want the Rudd government to reset the relationship due to the Hu affair have an obligation to explain how they would run the Australian economy without the benefit of integration with China."("尽管如此,那些由于胡士泰一案希望陆克文政府重新定位中澳关系的人有义务解释一下在没有与中国合作所带来的利益的情况下,他们会如何运行澳大利亚经济。")陆克文在处理"力拓案"之初,主张采取谨慎克制的态度,却引起一些人的不满,尤其是反对党,借题发挥,对执政党进行攻击,认为其应对过于软弱而必须采取更强硬的手段,对这类态度进行反驳的理由之一就是澳大利亚的经济离不开中国经济的支持。

在"力拓案"冲突色彩之下的两国合作虽表面受阻,但由于更深层的利益捆绑,必然会继续得到恢复和发展。中澳之间会有一个互相妥协的过程。个案不能代表整体,中澳关系能经得起这样的考验。

第四,中澳关系在改变。"China presents an unprecedented challenge for the Prime Minister."("中国给总理提出了一个前所未有的挑战。")"力拓案"对澳大利亚政府是一个巨大的挑战。"Prime Minister Kevin Rudd may have a reputation as a Mandarin-speaking sinophile with a special sway over the Middle Kingdom but when the news of the men's arrest first broke on July 8, he stepped away from opposition demands that he speak directly to China's President, Hu Jintao."("总理陆克文是一个会说汉语的亲华人士而对中国有特殊影响力,虽有此名声,但当胡7月8日被捕的消息传来,他不顾反对,要求与中国国家主席胡锦涛直接对话。")陆克文与中国的渊源在该案中被关注。"But no matter how popular Rudd is in China, no one believes he can swing the release of Hu quickly, given the seriousness of the charges Beijing has levelled and the fierceness with which countries defend their sovereign legal systems, however flawed they might appear."("考虑到中国政府这一指控的严重性,以及捍卫本国司法主权的强烈决心,尽管这一司法系统看上去可能漏洞颇多,不论陆克文在中国如何受到欢迎,没有人相信他能让胡士泰很快获释。")澳大利亚媒体希望他能利用自己对中国的影响解决此事,对他不能迅速拿出有效手段颇有微词。陆克文的"中国通"背景让澳大利亚媒体对其有更多期待,但实际收获的却只有尴尬和无奈。

另外,中国正在凭借日益强大的实力改变以往的做法。"This

new G5 grouping, in which China is the real heavyweight, has emerged as a strong countervoice to the leading Western powers."("这一新 G5 组合中,中国是真正的关键,他们是对西方强国的不同声音。")在对此没有足够心理准备的澳大利亚看来,就显得野心勃勃,似乎中国意欲凭借自身实力挑战世界现有秩序。"The arrests of the Rio executives, along with the reported arrest of a number of Chinese steel executives, may have been designed as much to send a message to the only partly autonomous Chinese steel companies as to international interests, that Chinese authorities are determined to adopt a much more aggressive united front on the price talks."("胡士泰以及不少中国钢铁企业经理的被捕,可能是向仅有部分自治的中国钢铁企业和国际公司传递一个信息,即中国当局决定在价格谈判上采取一种强硬得多的统一战线。")澳大利亚媒体认为,"力拓案"就是中国向世界传达的一个信息,中国已经在铁矿石价格谈判上选择采取更为激进的手段以实现本国利益。"The events of the past few days have shown that China is increasingly willing to muscle up and challenge the way the world has worked under the long era of dominance of the Western industrial powers."("过去几天的事件已经表明,中国正在强大起来并对长期处于西方强国主导下的世界秩序进行挑战。")在其他方面,中国亦会越来越强势,必然会对西方强国长期统治的世界秩序产生冲击。

以上背景的相关描述在"力拓案"相关报道中几乎都会有所涉及,虽然每篇报道中所运用的手法、叙述的方面可能有所不同,如有些是以引语的方式表达,有些是单独一段进行叙述,有些则是在定语中顺带提及;有些涉及背景的某一方面,有些则涉及数个方面。但不管哪种重复方式或哪方面的背景内容,其目的都一样,那就是搭建"力拓案"相关涉华报道的叙事框架,即中国由于体制弊端和自身利益,挑起"力拓案",且前期态度强硬,使与之合作密切的澳大利亚陷入被动,标志着中国开始凭借自身实力挑战现有世界秩序。每一次相关背景的重复,都是对这一框架的强调与认同。

三、 新闻基调分析

新闻报道一般可分为以下几类:消息——用以报道事实,文字简洁,时效性最强;通讯——用以报道客观事实或典型人物;新闻特写——用以"再现"新闻事件、新闻人物"一瞬间"的形象化报道;新闻专访——用以对特定的人物、文体、事件和风物进行专题性现场访问之后所写的报道;新闻评论——用以对最新发生的新闻提出的一定看法和意见。其中,新闻评论是就当前具有普遍意义的新闻事件和重大问题发表议论、阐述观点的一类新闻,有着鲜明的针对性和指导性,是新闻媒介中各种形式评论的总称。要了解社会媒体的主流看法,研究这种类型的新闻报道最为合适。在"力拓案"的时间范围内,利用 Factiva 数据库的筛查功能,共检索到 27 篇评论性报道,其中 22 篇都是 2009 年 7—8 月间的报道,占绝对多数,只有 5 篇例外,一篇刊登于 2009 年 12 月,一篇刊登于 2010 年 2 月,另有 3 篇 2010 年 3 月的新闻。

对这些报道的核心观点进行整理,可以得到表 4.3:

表 4.3 《澳大利亚金融评论报》2009 年 7 月 5 日—2010 年 3 月 29 日 "力拓案"相关新闻评论的观点

时间	核心内容	代表例句
7/10	"力拓案"可能另有缘由	It's a pretty arrogant assumption on our part to assume that what's going on in China is solely as a result of Rio Tinto- ... -deciding to turn its back on a proposed "strategic alliance" with one of China's largest state-owned companies, Chinalco.
	胡士泰可能有罪	Stern Hu, Rio's general manager of China operations, did engage in acts of espionage—at least as defined by China.

续表

时间	核心内容	代表例句
7/11	中国要维护自己的利益和地位	After being forced to swallow six years of price increases that underpinned the burgeoning profits of mining giants, its steel mills were ready to claw something back.
	中国法制不透明	If Australian officials are not given access to the trial, as is commonplace in China, it may never be known why these men were jailed.
	胡士泰处于一个敏感位置,但他可能无罪	His supposed accomplice at the steel maker Shougang did not attend any of the China Iron and Steel Association's meetings, But he had access to the document … And yet the document was widely leaked to different members of the industry.
7/11	陆克文压力大	But things have moved on and it seems that whenever China is mentioned now, the opposition cannot bear to miss a chance to attack the now Prime Minister for either being too close to the regional power, or having a fake close relationship that doesn't yield any benefits for Australia.
	胡士泰可能有罪	As more details of allegations facing Hu emerged—that he had bribed officials to gain insider information about other iron ore dealings—his caution seemed sensible.
7/11	中国欲建立国际新秩序	The events of the past few days have shown that China is increasingly willing to muscle up and challenge the way the world has worked under the long era of dominance of the Western industrial powers.
	中国是国际政治重要力量	The clear message out of the events surrounding the G8 summit in Italy this week was to emphasise the importance of China in the future evolution of international diplomacy and its institutions.

续表

时间	核心内容	代表例句
7/14	中国政府介入市场	The arrest of Hu and his colleagues Liu Caikui, Wang Yong and Ge Minqiang is part of the entrenchment of the Chinese dictatorship in the business sector.
7/15	中国政府介入,欲控制澳战略资源	They don't really add much to our understanding of the real issues involved, but they do seem to present a vague picture of an administration trying to assert greater control over a strategic industry.
7/16	"力拓案"可能由中国政府主导	At this stage it is unclear whether the investigation originated from the China Iron & Steel Association(CISA), the body representing 72 of the country's largest steel producers, or from much higher in the state system.
7/17	陆克文并没有给中国特殊待遇	Rudd broke the taboo in spectacular fashion, talking about Tibet at a public address to the brightest young things at Peking University.
7/17	对"力拓案"陆克文已尽力	A simple test of this argument is to ask whether any one minister has been responsible for liaising in a serious and regular fashion with the company.
7/17	陆克文的处理糟糕	Just because Rudd speaks Mandarin doesn't mean he understands the Chinese.
7/18	中国对铁矿石定价不满	There is always anger about iron ore, even in the most remote areas of China and even from people with no contact with the steel industry.
7/18	陆克文并没有给中国特殊待遇	Similarly, on his first visit to China as Prime Minister last year, Rudd made a speech in Mandarin in Beijing in which he criticised China on its human rights record in Tibet, in a refreshing change from negotiations behind closed doors.

续表

时间	核心内容	代表例句
7/18	对"力拓案"陆克文已尽力	He had little choice. China had refused to provide any details at an official level about why it was holding Hu, beyond accusing the Australian citizen and three of his Chinese colleagues of industrial espionage during a tense round of negotiations about iron ore prices with Chinese steel mills.
7/18	对"力拓案"陆克文处理得当	But the Australian government would set a dangerous precedent if it demanded his immediate release, regardless of whether the Chinese authorities have substantial grounds for detaining him while they consider charges.
7/21	国家掌握"主权基金"造成政府介入市场	There are problems with so-called sovereign funds—as the Chinalco bid can be haracterized—because governments that control the funds can enforce non-commercial decisions.
7/21	《白皮书》或是"力拓案"的导火索	The arrest of Rio Tinto executive Stern Hu was an expression of displeasure, says Cheng Li, a professor and director of research at the Washington-based John L Thornton China Centre—and the white paper was one source of that discontent.
7/24	中澳法律差异大	The Stern Hu affair, however, does demonstrate that China does still have plenty of muscle-flexing ability—as well as reinforcing that China's laws are different from ours, not just in structure but in application.
8/4	批评澳大利亚的法律语言表述不清	It does great damage to the rule of law in Australia to have such vaguely worded, inherently arbitrary and economically questionable criminal laws on the books. It also sends the wrong message to other countries in the Asian region about the development of their legal systems.

续表

时间	核心内容	代表例句
8/8	中国政府固执的态度	The arrest was a timely reminder that in China we are dealing with an autocracy that has its own agenda, and they're not going to change it no matter how long Kevin chats to them in Mandarin.
8/8	中国政府不容异见存在	Perceived corruption, social activism or simply having an opinion are all becoming more dangerous in China. … But Hu is just one victim of the Communist Party's crackdown of 2009 as it pursues "social stability" in its year of anniversaries.
8/13	中国政府未披露相关信息	Hu, one of Rio Tinto's top people in China, was picked up for espionage, which in that country covers everything from jaywalking to causing a typhoon.
8/22	中澳关系紧张，但中国不会中断与澳合作	Beijing has already made clear its displeasure about the price it has been paying for iron ore, through its handling of the case of Stern Hu, but it has not stopped buying it.
8/22	中澳合作继续，但两国关系已不同往日	But no amount of hype from the normally laconic Resources Minister could disguise the fact that no Chinese government officials deigned to attend the signing of the \$50 billion Gorgon gas deal which Ferguson had flown some 12 hours to celebrate.
8/22	中国大量投资澳能源	The central player in this gas boom will be China—just as the rising superpower has driven the massive increase in Australian exports of iron ore, coal and other commodities in the past five years.

续表

时间	核心内容	代表例句
12/29	应该准备好面对中国主导世界经济的局面	QUIZ(对中国了解程度的测试)
2/20	中国政府介入市场	The Chinese, meanwhile, have shown they have their own ways of interfering with the game, with the arrest of Rio Tinto executives including Stern Hu.
3/20	中国对铁矿石的需求拯救澳经济	Beijing declared gross domestic product growth would hit 8 per cent in 2009, and it delivered on its promises. The result was record sales of iron ore from Australia, defying a slump in buying.
3/25	力拓与胡士泰及其同事保持距离	Having stood firmly behind its employees when they were arrested, Rio Tinto is starting to distance itself from Stern Hu and his colleagues as questions arise about their assets.
3/25	力拓应吸取教训	It will also be felt well beyond Rio Tinto as other major companies scrutinise the Chinese court's verdict and processes for lessons for their own executives and corporate governance.
3/27	中国国内继续讨论铁矿石交易	But the debate on the operation of the iron ore trade in China is bound to continue for some time to come.

资料来源:根据 Factiva 数据库所供数据整理而成。

这些核心观点基本可分为三类:

第一类,对事件原因的深入探讨,包括"'力拓案'可能另有缘由""中国要维护自己的利益和地位""中国政府介入市场""胡士泰处于一个敏感位置,但他可能无罪""胡士泰可能有罪""《白皮书》或是'力拓案'的导火索"以及"中国政府固执的态度"等。

其中,最受澳大利亚媒体诟病的是中国政府在"力拓案"处理上的态度及政府对市场的介入。澳大利亚媒体对这两个方面进行了多次报道,这一观点也多次被重复。中国政府为了取得本国所需的资源,对外大量投资,利用雄厚的资金实力,以国家为靠山,意欲控制澳大利亚的企业和战略资源;在遇到阻碍时,还是以国家为靠山,采取非市场经济的方法进行干预,让澳大利亚媒体不满。

第二类,对澳大利亚政府处理方式的评价,包括"陆克文压力大""陆克文没有给中国特殊待遇""对'力拓案'陆克文已尽力""陆克文的处理糟糕"以及"对'力拓案'陆克文处理得当"等。"陆克文"这个会中文的总理在"力拓案"发生后,所采取的每一个举动和措施都被关注,他特殊的汉语背景使他在处理与中国相关的事务时,备受瞩目,成为事件的焦点。总的来说,评价褒贬不一,既有对他的处理表示认可,认为他没有特殊对待中国,处理妥当;也有对他表示否定,认为他对中国的态度过于软弱,处理非常糟糕,尤其是反对党,完全不赞同陆克文欲采取的谨慎处理方式,要求将相应的措施手段升级,给执政党施加了极大的压力,并一直利用这一事件攻击陆克文及其领导的政府。

第三类,对事件后续影响的说明,包括"中澳关系紧张,但中国不会中断与澳合作""中澳合作继续,但两国关系已不同往日""中国大量投资澳能源""应该准备好面对中国主导世界经济的局面""中国对铁矿石的需求拯救澳经济""力拓应吸取教训"以及"中国国内继续讨论铁矿石交易"等。由于中澳两国在地域上的亲近,经济上的互补,中国对矿产能源的需求,面对金融危机,澳大利亚对中国经济的依赖,两国之间继续合作不管对中国还是澳大利亚都是更好的选择。因此,不管当时两国关系曾多么剑拔弩张,双方必须为本国的发展谋求利益,这一切促使中澳重新回到合作的道路上。但由于澳大利亚对中国所展示的立场和态度没有足够的心理准备,在"力拓案"发生后,澳政府在感到中国欲掌握更多的话语权,改变现有合作中的两国地位时,显得有些措手不及。经过"力拓案"的摩擦和冲突,两国关系的基础已发生变化。同时,中澳两国国内亦以"力拓案"为戒,吸取教训,进行改革,为将来更好的发展而努力。

四、 新闻框架分析

首先,在篇幅、版面及时间分布上,《澳大利亚金融评论报》关于"力拓案"的涉华报道有集中采写、密集刊发的特点。相关新闻采纳多角度的不同看法,倾向于以中长篇报道的形式对事件进行详细叙述与观点阐释,并充分利用报社资源,安排对新闻效果有提升作用的配图。

其次,构建新闻框架时,在标题中选择性地使用表明中澳双方措施的动词或词组,让读者了解对双方在"力拓案"事件发展中的地位,中方强势而占据主动,澳方则弱势而略显被动。在这一框架下,澳大利亚媒体也弱化了澳方的事件责任,而将中国置于相对不利的位置。

第三,重视部分背景情况的重复。在"力拓案"相关报道中,将案件与"铁矿石谈判"及"中铝力拓合作失败"相联系,指责中国的管理体制存在问题,称中国欲改变现有秩序。这些重复出现的内容给澳读者留下深刻的印象,引导他们将中国判断为事件责任主体。澳大利亚媒体通过这种重复的强调实现事件因果的责任归属,并为事件的后续发展预测提供依据,但这一框架下所构建的中国国家形象必然是负面的。

另外,虽然受到一些主观臆测的影响,但不可否认,《澳大利亚金融评论报》关于"力拓案"报道,角度较为全面,信息量大,报道从事件的原因、发展、评价、后续影响等各方面全面地进行分析

第四章 《澳大利亚金融评论报》涉华报道的个案分析

讨论。每个方面都阐述了多种观点,如原因,就提到"铁矿石谈判""胡士泰犯罪""中国的利益""中国的管理体制"及《白皮书》等,评价和影响亦是如此。这种看似有力、可信、全面的新闻框架有助于增加读者对新闻观点的认可度,但同时亦可能会对读者产生误导,使其忽略框架本身可能存在的不合理,而更易接受报道所构建的有失偏颇的中国国家形象。这就更要求中国尽快采取有效措施,对外媒涉华报道中不合理的新闻框架进行修正,以利于中国国家形象的改善。

根据上面的框架分析,可以得到图 4.5:

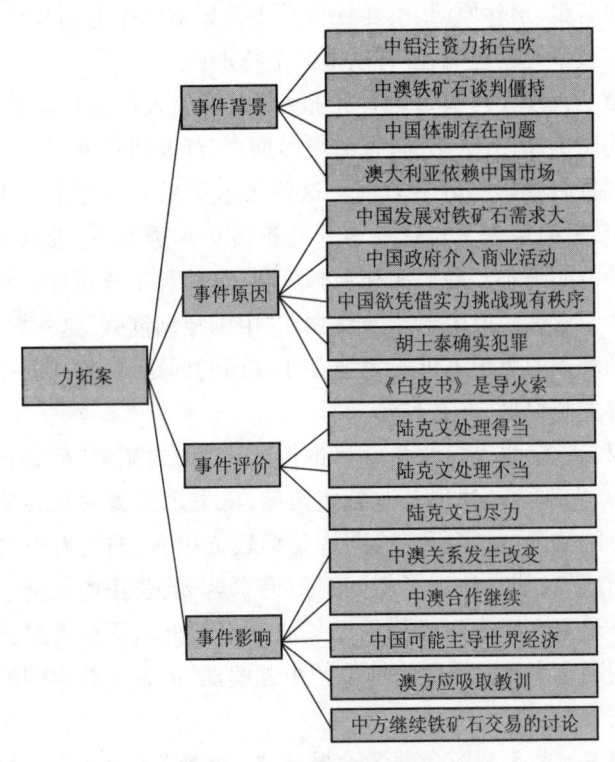

```
                  ┌── 中铝注资力拓告吹
                  ├── 中澳铁矿石谈判僵持
         事件背景 ─┼── 中国体制存在问题
                  ├── 澳大利亚依赖中国市场
                  └── 中国发展对铁矿石需求大
                  
                  ┌── 中国政府介入商业活动
         事件原因 ─┼── 中国欲凭借实力挑战现有秩序
  力拓案           ├── 胡士泰确实犯罪
                  └── 《白皮书》是导火索
                  
                  ┌── 陆克文处理得当
         事件评价 ─┼── 陆克文处理不当
                  └── 陆克文已尽力
                  
                  ┌── 中澳关系发生改变
                  ├── 中澳合作继续
         事件影响 ─┼── 中国可能主导世界经济
                  ├── 澳方应吸取教训
                  └── 中方继续铁矿石交易的讨论
```

图 4.5 "力拓案"新闻框架图

第三节 本章小结

本章以"力拓案"为主要个案进行单一媒体研究。从"力拓案"立案到判决结案约九个月,《澳大利亚金融评论报》共有相关报道175篇,月均约20篇。

《澳大利亚金融评论报》将中国构建成一个对内对外都希望掌握控制权的能源消耗和进口大国,这一形象在一个看似信息全面、观点多样,实际却仍存在偏颇的新闻框架里体现。这一框架由事件背景、事件原因、事件评价及事件影响四个方面构成,每个方面由多个元素组成,且有以下几个特点:

第一,《澳大利亚金融评论报》更重视深入报道和评论,长篇报道的比例高,头版率高;报道覆盖面广,涉及事件背景、起因、发生发展及后续影响等各方面。这些报道引用了部分来自中国的观点,其目的是为了将这一事件分析得更加透彻,在报道中传递更加独特的事态发展预测和利弊分析,这体现了该报在经济金融领域的专业性。但由于新闻建立在"中国控制欲强"这一框架下,对中国观点的引用不可避免地存在片面的问题,所构建的中国形象带有主观偏见,不够客观。

第二,在《澳大利亚金融评论报》175篇"力拓案"相关报道的标题中,大部分未体现某一特定情绪,未发现频繁对某种情绪进行描述的情况;新闻所配的图片基调较为中立,亦没有蕴含明显的负面情绪,基本体现了新闻报道追求客观、公正的原则。但标题中体现双方所采取措施的动词或词组却暗示了在澳媒体眼中中澳两国在事件发展中的地位,"中强澳弱"的设定将中国的国家形象定为"强势"。

第三,《澳大利亚金融评论报》在"力拓案"多项背景情况叙述中,对一些内容采用多样的形式进行重复,既有成段的描述,也有简洁的定语,既有观点的引用,也有直接的陈述;内容丰富、角度多样,体现了该报作为一份著名大报的基本素养和办报风格。但这些重复的内容在新闻框架中所起的作用却是将事件的主要责任推给了中国,强调中国可能存在的"体制问题"和"挑战现有秩序的野心"。即使是正当的目标,在这一框架下,也会显得"不合理、不恰当"。

综上所述,《澳大利亚金融评论报》"力拓案"的相关报道虽然新闻本身内容充实、角度多样、观点丰富,但由于新闻框架的基础存在偏见和误解,因此,所构建的中国国家形象亦有不妥。

第五章

两报在"力拓案"相关报道中所构建的中国国家形象对比

两份澳大利亚的主流报纸,分属不同的利益集团,竞争关系激烈,它们在构建中国国家形象方面有何异同?回答好这个问题,对今后国际问题的处理,国际关系的建设有积极影响。

这一节以"力拓案"为案例,引入互文理论,对新闻篇章的互相影响和新闻篇章与读者观点之间的联系进行分析,在此基础上,对两份报纸所构建的中国国家形象进行比较。之所以选择"力拓案",是基于以下两个原因:

第一,作为一份财经类报纸,《澳大利亚金融评论报》对经济贸易类报道有所侧重,政治安全、民族宗教类报道的数量则相对较少;而《澳大利亚人报》是一份综合性报纸,对各方面事件的报道较为均衡,经济报道的数量可以提供足够的样本进行比较。

第二,在陆克文执政期间,最吸引眼球,引得各方关注的,非"力拓案"莫属。第四章对"力拓案""重要性"的分析显示,无论是参考篇幅情况还是版面分布,都足以证明该案在澳大利亚社会引起的广泛关注,是当时的焦点事件,其重要性不言而喻。同时,由于其复杂的国际贸易、政治关系等背景,所牵涉的中澳两国贸易关系、资源战略等大课题,这一事件对今后中国经贸企业的对外合作,甚至国家政府的对外交往,国际关系的妥善处理具有重要的借鉴作用,值得被进一步关注。

第五章 两报在"力拓案"相关报道中所构建的中国国家形象对比

本章以 2009 年 7 月 5 日—2010 年 3 月 29 日"力拓案"正式开始到最后宣判为时间范围,以澳大利亚媒体的视角,从重要性、事件发展及新闻基调这三个方面入手,对这一时期《澳大利亚人报》和《澳大利亚金融评论报》所构建的中国国家形象进行对比研究。

第一节 重要性分析

新闻的重要性可以从版面和篇幅进行考察,参考这两个指标进一步研析对比"力拓案"分别受到这两大澳大利亚报纸重视的程度。

以 2009 年 7 月 5 日—2010 年 3 月 29 日为时间范围,以"力拓案"关键人物"Stern Hu"和"China"为关键词,利用 Factiva 数据库对《澳大利亚人报》与《澳大利亚金融评论报》进行新闻搜索,分别得到 202 篇与 175 篇相关报道。先针对篇幅长度进行整理,得到表 5.1:

表 5.1 《澳大利亚人报》与《澳大利亚金融评论报》
2009 年 7 月 5 日—2010 年 3 月 29 日"力拓案"涉华报道的篇幅统计

	短篇 (300 字以下)		中篇 (300—1 000 字)		长篇 (1 000 字以上)	
	数量	比例	数量	比例	数量	比例
《澳大利亚人报》(不包含区域版)	15	7.43%	129	63.86%	58	28.71%
《澳大利亚金融评论报》	13	7.43%	130	74.28%	32	18.29%

资料来源:根据 Factiva 数据库所供数据整理而成。

再根据版面分布情况进行统计,得到表 5.2:

表 5.2 《澳大利亚人报》与《澳大利亚金融评论报》
2009 年 7 月 5 日—2010 年 3 月 29 日"力拓案"涉华报道的版面统计

	版 面 位 置								
	头版 (仅指全国头版)			非全国头版			头版比例		
	短篇	中篇	长篇	短篇	中篇	长篇	短篇	中篇	长篇
《澳大利亚人报》 (不包含区域版)	4	14	1	11	115	57	1.98%	6.93%	0.5%
总 计		19			183			9.41%	
《澳大利亚金融 评论报》	0	5	12	13	125	20	0	2.86%	6.86%
总 计		17			158			9.72%	

资料来源:根据 Factiva 数据库所供数据整理而成。

首先,从整体来看,在"力拓案"期间,两份报纸相关报道的头版率非常相近,都略低于 10%。其中,《澳大利亚人报》头版的中篇新闻数量最多,而《澳大利亚金融评论报》头版的长篇新闻数量可观。头版新闻的受关注度比一般新闻高得多,头版寸土寸金,这种以中长篇新闻为主的情况,第一,可以清楚地反映出这两份报纸对"力拓案"的重视程度;第二,可以作为这一新闻被澳大利亚社会各方广泛关注的佐证。

其次,比较篇幅和头版新闻的情况,可以看到,两报的报道篇幅分布非常相似,中篇报道和长篇报道的比例虽存在差异,但若将两者相加,则比例惊人一致。就两份分属不同集团的报纸来说,这样的巧合愈加证明他们对"力拓案"均非常关注。但如同时考虑头版新闻的分布,则两者出现一定分化。《澳大利亚人报》多为中短篇报道,而《澳大利亚金融评论报》多为中长篇报道。这与两份报纸的侧重面不无关系,《澳大利亚金融评论报》以金融经济领域的报道评论著称,而《澳大利亚人报》则表现得相对更为综合平均。因此,虽然两份报纸对"力拓案"都表现出了足够的关注,但在重视程度上,《澳大利亚金融评论报》可能更胜一筹。

再次,根据时间分布对相关报道进行整理,得到图5.1:

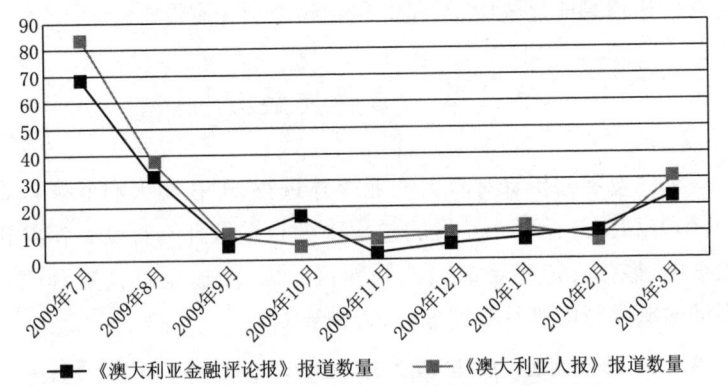

**图 5.1 《澳大利亚人报》与《澳大利亚金融评论报》
2009 年 7 月 5 日—2010 年 3 月 29 日"力拓案"报道的时间分布**

资料来源:根据 Factiva 数据库所供数据整理绘制而成。

两份报纸的相关涉华报道在时间分布上重合度高,大部分集中在 7 月、8 月,是"力拓案"刚立案的那段时间,总量分别占到了全部报道的 67.78% 和 64.56%,可谓旗鼓相当。这样高密度的集中报道,足见"力拓案"在澳大利亚引发的轩然大波。7 月 5 日,胡士泰等人被捕;7 月 8 日,中国媒体对此事进行报道;7 月 9 日,澳大利亚两大报纸开始报道。此后一周时间,《澳大利亚人报》有 41 篇,《澳大利亚金融评论报》有 31 篇报道见诸报端,平均每天各有 6 篇和 4 篇左右的相关报道。之后的整整九个月时间,中澳双方在"力拓案"上互相试探互相妥协,直到达成双方都能接受的结果,报道的频率也相对稳定。最后的审理宣判,虽也有一波报道的小高潮,但始终不如开始时这么引人关注。

综上所述,可以看到,"力拓案"在当时点燃了澳大利亚媒体的报道热情,绝对是这两大报纸的报道重点,引起社会的广泛关注。相对来说,在报道数量上,《澳大利亚人报》占优;但在版面分布上,却是《澳大利亚金融评论报》更胜一筹。那么,在对事件的具体报道中,两大报纸采取的是怎样的报道角度?在对澳大利亚民众传递信息的过程中,又是如何构建中国国家形象?

第二节 事件发展分析

事件发展分析针对澳大利亚媒体进行,即在澳大利亚媒体眼中,中方和澳方在事件发展的过程中各自采取什么行动?在整份报纸中,最核心最重要的是头版新闻。因此,这里将分别对两份报纸的头版新闻进行整理分析,得到表5.3:

表5.3 《澳大利亚人报》与《澳大利亚金融评论报》2009年7月5日—2010年3月29日头版新闻中就"力拓案"中方与澳方所采取的行动

时间	中方的行动		澳方的行动	
	《澳大利亚人报》	《澳大利亚金融评论报》	《澳大利亚人报》	《澳大利亚金融评论报》
7/9		胡士泰因涉嫌窃取国家机密被拘押		
7/10	北京声称胡士泰因窃取国家机密给中国造成了巨大的经济损失	中国宣布因窃取国家机密被拘押的胡士泰有罪	澳外交外贸部正式召见中国代理大使 澳代表会与胡士泰接触	陆克文表示将谨慎处理"力拓案"
7/13			压力迫使外交部长与陆克文直接处理此事	胡士泰被捕有中国政府的作用,澳政府准备与中国进行长期外交战

第五章 两报在"力拓案"相关报道中所构建的中国国家形象对比

续表

时间	中方的行动		澳方的行动	
	《澳大利亚人报》	《澳大利亚金融评论报》	《澳大利亚人报》	《澳大利亚金融评论报》
7/14		中国重开铁矿石谈判	外交部长在开罗见第三世界国家领导人,陆克文"非正式离开"	澳政府向中施压以获取胡士泰被拘押一事更多信息
7/15	秘密警察从电脑上获得敏感文件,作为新证据 调查者将调查扩大到混乱的钢铁行业	中国对铁矿石交易的制裁扩大到更多钢铁企业,甚至外国矿产公司		财政部长对未来与中国的双边经贸合作持谨慎态度
7/16		中国再次承诺中澳双边经济关系不受影响	陆克文采用强硬措辞,警告世界在看,强调中国在澳的巨大经济利益	陆克文提醒中国在澳的巨大经济利益,表达他的关切
7/20				中澳铁矿石谈判与过去再不相同,商贸关系亦是如此
7/30	据报道,胡士泰曾参与天安门广场暴动			
7/31	北京认为胡士泰被捕案的报道不公平	北京代表表示这是个案,不会影响双边关系		

续表

时间	中方的行动		澳方的行动	
	《澳大利亚人报》	《澳大利亚金融评论报》	《澳大利亚人报》	《澳大利亚金融评论报》
8/10	根据共产党情报部门的报告，过去六年，力拓暗中调查中国钢铁企业			
8/13		必和必拓未受到中国政府的任何调查		
8/18	中国政府采取一系列严峻措施来表达不满			福特斯克为换取60亿美元资金，答应中国大幅降低铁矿石价格
8/19	中国承诺购买500亿美元的天然气	中国在未来20年购买500亿美元天然气，可能缓解双方的经贸关系		
8/21	中国官员签署500亿天然气协议，冷落澳能源部长			
8/24			中澳紧张的外交关系可能进一步影响游客数量	

续表

时间	中方的行动		澳方的行动	
	《澳大利亚人报》	《澳大利亚金融评论报》	《澳大利亚人报》	《澳大利亚金融评论报》
9/9 (2篇)				股东要求公司管理者和执行者重新审视保险合同
		中国加紧获取澳大利亚二级矿业资产的战略利益		有观察家认为，中澳脆弱的关系或使近期的申请更容易
9/30			澳第五大富翁声称澳外国投资规定针对中国企业	
12/11				财政部长指示外国投资审查委员会改进与中、日投资者的交流
1/6		华为在投资敏感的环境下，投标澳最大的一个合同		
1/11				世界最大铁矿石生产商在价格上与中国钢铁企业对峙

续表

时间	中方的行动		澳方的行动	
	《澳大利亚人报》	《澳大利亚金融评论报》	《澳大利亚人报》	《澳大利亚金融评论报》
1/27	胡士泰是否面临审讯执政的共产党的政治局常委决定			
3/18	中国采纳了其有权对1160亿美元合并事件进行调查的建议			
3/23				胡士泰承认接受回扣,铁矿石交易的腐败令矿业尴尬
3/24			力拓整顿公司内部,胡士泰未能洗脱罪名	
3/26			胡士泰借出庭为接受贿赂道歉	

资料来源:根据 Factiva 数据库所供数据整理而成。

首先,从两份报纸的报道内容可以看到,这一场以外国人涉嫌窃取中国国家机密为开端的纠纷最终涉及的却是包括铁矿石价格谈判,中国在澳投资以及中澳关系发展等多方面在内的国际博弈。事件发生后,澳大利亚在向中国施压寻求问题解决的同时,既对某些合作作出了让步,也对后续的外资进入开始"改善"

第五章 两报在"力拓案"相关报道中所构建的中国国家形象对比

沟通方式,并开始采取更有针对性的规定;而中国在拘押胡士泰的这段时间里,则反复表示这是单个事件,不会影响国家关系和经济合作,同时重启铁矿石谈判。中国企业在这一段时间内的对澳投资亦出现了数次大手笔合作,如中国石油天然气股份有限公司签订的价值约500亿美元的澳天然气合约、中铀发展参与竞标澳铀矿企业Energy Metals Limited 70%所有权、中国铁路物资总公司计划以1 260万澳元收购澳矿商FerrAus 12%的股权等。两国在共同经济利益的基础上,互相施压互相审视互相妥协,进而继续推动今后的合作发展。经过大半年的博弈,中澳又重新回到调整后的合作轨道上。

其次,从上面对两份报纸关于"力拓案"的报道分析可以看到,中国政府在"力拓案"中试图维持其客观公正的形象,但同时又表现得强大而强势。在案件发生后,中国不断扩大调查给澳大利亚施压,同时,又宣布这是一次单独事件,不会影响两国关系;中国企业在两国关系紧张脆弱时,仍不断进行大手笔投资,以获取澳大利亚的天然资源,这样的情况让澳大利亚社会普遍感到不安。这一时期的洛伊民调就反映出澳民众对中国投资的反感增强,认为来自中国的威胁感不断上升。澳大利亚媒体在这种不安情绪的传递中亦有推波助澜的作用,《澳大利亚人报》和《澳大利亚金融评论报》所刊发的新闻报道均传达着中国不算友好的态度,中国形象也因此受到影响,两大报纸在这一点上的报道角度和内容却称得上不谋而合。

第三,两份报纸在对两国的微妙互动和博弈进行报道时,往往会对同一情况进行报道,所表达的观点也相当一致。但是,从细处来说,仍存在差别。这主要是反对党对政府包括总理及现有政策的抨击和施压,是澳大利亚国内政党间的博弈。如事件发生以后,陆克文政府表示会采取谨慎而经过斟酌的方法来处理,但来自反对党的强烈要求却是采取更加直接的政治性干预,认为澳大利亚的表现过于胆怯。陆克文曾在不同场合努力尝试,想要给事态发展降温,可是面对不断来自反对党的压力,最后,陆克文不得不以"中国在澳的巨大利益"以及"世界的关注"对中国政府提出了警告,态度趋于强硬。又如反对党公开质疑和攻击政府对外资审查的合理性,认为政府在澳资产控制上给予外国企业,甚至政府过多的自主权,要求对矿产控制权方面的投资建立更严格的制度。陆克文政府虽予以反击,但同时也表示要在外国投资政策方面做更大的努力。这是由澳大利亚的国家体制所决定,反对党和执政党之间的竞争无处不在,即使在"力拓案"中也不例外。《澳大利亚人报》在这场澳大利亚国内的党派之争中,堪称攻击陆克文政府的主要舆论力量,该报发表的社论文章措辞较为激烈,主张对来自中国的威胁应采用更强硬的措施。

综上所述,"力拓案"的发生对两国的影响似乎很大,引发各方关注和报道,但两国之间的合作却并没有停滞。在不同于前期皆大欢喜的氛围中,中澳两国的合作仍在继续。澳大利亚媒体对事件的报道虽然表现出了多党执政经常出现的互相抨击互相指责的情况,但在对外态度上一致度相当高,并没有因为分属不同的利益集团而出现大的分歧。

第三节 新闻基调分析

在新闻报道中,在一些重要事件已经发生的情况下,媒体会通过发表长篇评论来对最新发生的新闻提出一定的看法和预测,有着鲜明的针对性和指导性,因此,研究这类长篇新闻对了解社会媒体的主流看法意义重大。在"力拓案"的时间范围内,《澳大利亚人报》共有58篇长篇报道,而《澳大利亚金融评论报》则是32

篇,对这些报道的主要观点进行总结归纳,得到表5.4:

表5.4 《澳大利亚人报》与《澳大利亚金融评论报》2009年7月5日—2010年3月29日关于"力拓案"的评论性报道中核心观点对比

时间	《澳大利亚人报》的核心观点	《澳大利亚金融评论报》的核心观点
7/9		胡士泰被捕使与中国的铁矿石谈判面临不确定因素
7/10		力拓拒绝中铝,陷入中国麻烦
7/11	1. 中国逮捕胡士泰对澳表示不满 2. 中澳关系面临考验 3. 中铝力拓合作失败使中国不悦,澳应与中国建立成熟的关系	1. 胡士泰是中国政府报复力拓拒绝中铝的受害者 2. 中国为国家利益采取非常手段
7/13	1. 中国拒绝陆克文政府再次探望胡士泰的要求 2. 陆克文对北京的影响有限 3. 中国国家形象正面临考验	
7/14	1. 力拓案使两国经济陷入尴尬 2. 不要无休止对话,应做出决定 3. 中澳矛盾对双方不利	是否能让胡士泰回家是对陆克文政府的考验
7/15	1. 北京施压要求陆克文让步	1. 中国铁矿石交易失败可能波及更多的钢企以及外国矿产企业 2. 胡士泰被捕只是大局中的一步
7/16		陆克文警告北京,世界在看着

续表

时间	《澳大利亚人报》的核心观点	《澳大利亚金融评论报》的核心观点
7/17	1. 力拓案可能使中国对外投资更谨慎，澳政府应该重新审视外国投资审查委员会的工作	1. 胡士泰被捕后，中国钢铁协会正与巴西谈判铁矿石价格
	2. 中澳法律体系差异巨大	2. 在胡士泰案中，中澳信息不对称
	3. 工党议员的妻子建立公司，从中国在昆士兰的矿产收益获利	
	4. 陆克文面临更大的压力	
7/18	1. 胡士泰被捕使他的对手获益	1. 中国逮捕力拓员工是一场更广泛的贸易战的开始
	2. 胡士泰被捕是一场国际危机	2. 中国向澳提出前所未有的挑战
	3. 陆克文应认清自己对中国并无特殊影响	
	4. 中国的钢铁行业面临危机	
7/20	1. 陆克文在力拓案上未能对中国施加影响将阻碍其政治抱负	世界铁矿石秩序可能发生改变
	2. 中国对胡士泰态度强硬	
7/21	中国经济的发展对避免澳大利亚经济衰退有很大帮助	
7/23	中国达到逮捕胡士泰主要目的	
7/25	中国在未来几十年都会对澳大利亚经济有重要影响	
7/27	澳官员访华试图解决力拓案	
7/28	力拓案不会对两国利益造成太大影响	

续表

时间	《澳大利亚人报》的核心观点	《澳大利亚金融评论报》的核心观点
8/8		逮捕胡士泰是来自中国的警告
8/11	胡士泰案是铁矿石谈判不成,中国恼羞成怒的结果	
8/13		1. 中国未对其他澳企进行调查
		2. 在华外国谈判者在胡士泰被捕后面临更大压力
8/18		1. 福特斯库对中国让步以获资金
		2. 中国签署协议今后20年将从澳大利亚购买500亿天然气
8/20	中澳关系中经济关系占主导	
8/22	近期的不平静之后会形成一种更成熟的中澳关系	中澳经济合作仍一如既往
9/9		1. 各公司的股东纷纷要求公司领导重新审视安全条例
		2. 中国加快获取澳大利亚第二等级的矿产资源
9/12	澳仍最受中国投资青睐	
9/26	澳政府应该使外国投资规定更清晰准确	
10/6	外国投资审查委员会对外国投资规定不明,有缺失	
10/22		与中铝的合作失败是使中国当局逮捕力拓工作人员的原因

续表

时间	《澳大利亚人报》的核心观点	《澳大利亚金融评论报》的核心观点
11/3		尽管力拓案使两国关系紧张,但中国仍投资数十亿到澳大利亚矿产
11/4	中澳双方在外国投资的相关规定上都不明确	
11/21	澳大利亚的未来与中国息息相关	
11/26	中铝在澳的投资合作继续	
12/16	中国在澳的巨额投资充满危险	
12/19	中国的崛起使澳能源业近十年发展迅速	
1/6		华为扩大在澳投资规模
1/9	今年对铁矿石供应者来说是好年份	
1/11		维持了数十年的设定铁矿石年度基准价的体系可能被终结
1/15	陆克文政府的对外政策很失败	
1/18		陆克文认清什么对澳最重要
2/20		中国逮捕胡士泰干预铁矿石市场
2/26		中国政府对胡士泰的立案及指控是一种欺凌,而不是真正的软实力
3/20	陆克文政府应明白对中国友好对澳并没什么好处	

续表

时间	《澳大利亚人报》的核心观点	《澳大利亚金融评论报》的核心观点
3/23		胡士泰承认接受回扣,铁矿石交易的腐败令矿业尴尬
3/25	中国用力拓案威胁陆克文成功	
3/26	中澳两国在胡士泰案上表现出的政治、法律和经济体系的不同导致紧张的局势	
3/27	1. 力拓与中国继续合作,胡士泰面临审判 2. 胡士泰的审判结束,但暴露的问题未曾得到解答	胡士泰案待决,铁矿石交易继续
3/29	胡士泰是恶意自我审查受害者	

资料来源:根据 Factiva 数据库所供数据整理而成。

这些核心观点主要可以归为三类:

第一类,对事件的叙述和对原因的探讨,包括"胡士泰是中国政府报复力拓拒绝中铝的受害者""中铝力拓合作失败使中国不悦"等。两份报纸虽分属不同的利益集团,但在对事件原因进行讨论时,却相当一致,基本都将事态恶化的主要原因归结为中国政府强势的态度。为了达到目的,取得本国所需的资源,对外大量投资,利用雄厚的资金实力,以国家为靠山,意欲控制澳大利亚的企业和战略资源。在遇到阻碍时,仍以国家为靠山,采取非常手段,这一点也是最受澳大利亚媒体和民众诟病的。其实在《澳大利亚人报》的《致编者信》专栏和第三方的洛伊民调中,都可以看到这些报道和观点对中国国家形象的影响。"力拓案"对中国在澳投资最大的影响之一就是对中国投资反感的澳大利亚民众增多,中澳两国的合作关系与以前再不相同。

第二类，对事件后续影响的说明，包括"力拓案不会对两国利益造成太大影响""维持了数十年的设定铁矿石年度基准价的体系可能被终结"等。总的来说，两大报纸对中澳关系中互相依赖的部分都有清晰的认识。两国地缘上的亲近、经济上的互补、中国对矿产能源的需求、澳大利亚对中国经济的依赖，这些都是使两国重新回到合作道路上的有利因素。只是经过"力拓案"之后，新展开的合作较过去已发生变化，双方共同审视过去的状态，作出修正，寻求一种更为成熟的关系，包括中澳铁矿石谈判的改变、澳对外投资政策的调整等。

第三，对澳大利亚政府处理方式的报道和评价，包括"不要无休止对话，应做出决定""是否能让胡士泰回家是对陆克文政府的考验"等。会中文的陆克文总理在这件事情上曾被寄予厚望，但他未能在事件发展中取得立竿见影的突破，造成澳大利亚媒体认为其高估了自己与中国的亲密关系，实际对中国的影响力有限，反对意见则要求采取更激烈的手段，给陆克文政府施加了极大的压力，也对陆克文的执政能力表示了怀疑。这是澳大利亚内部执政党与反对党的竞争，但对陆克文后续的政坛失败亦有影响。

综上所述，在这三大类的观点中，两大报纸在前两类观点上的相同性明显高于第三类观点。在对"力拓案"进行报道，对中国采用的手段进行抨击，对中澳关系发展进行评述以及对中澳后续投资进行展望这些方面的报道内容和角度都较类似，只是在对政府态度和措施进行评价时，有所差异。《澳大利亚人报》认为胡士泰的被捕，虽属商业事件，但更有来自中国政府的强力干预，陆克文政府的态度不够强硬，建议采用更加强硬的措施应对来自中国的威胁。

这两大报纸由于分属不同的利益集团，必然会对对方进行批评和抨击，但在面对中国这个共同的对象时，所采取的立场与态度却惊人一致，这也对澳大利亚社会和民众产生了相应的影响。

第四节 中国国家形象对比

结论一:框架理论与互文理论的结合使用在本研究中起到了积极作用。框架理论有效构建出澳大利亚两大报纸中的中国国家形象,能够在巨量的媒体报道中抓住重点,而互文理论则有助于揭示报道与事件发展及两份报纸之间的互动关系,使探寻不同利益集团代表性媒体在报道上所展现观点的异同成为可能。可以说,这两者的结合使用对中国国家形象在不同利益集团代表性媒体中的形象构建及其对比分析提供了可行的研究途径。

结论二:政党的轮替并不能从根本上改变一个国家的对外态度,或引起政策的根本性转换。可以说,在中国问题上,政党轮替不会产生根本性的影响。从上面对报道进行的分析可以看到,虽然不同媒体之间由于利益等原因有各自的立场,但在重大问题上却有着高度的关联性和一致性。这种一致性告诉我们中澳经贸关系不会受到政党轮替的深刻影响。在两国的合作交流中,不应太在意党派分别,而应积极与澳大利亚全社会展开对话,从容易达成共识的话题入手,制定有针对性的具体政策,以创造更友好更积极的国际环境。

结论三:澳大利亚报纸的报道中所传递的中国国家形象过于强势,再加上中国强大的资金实力和对澳大量的投资,使澳大利亚民众对中国逐渐产生反感,继而对中国投资的目的产生怀疑,会用审视而不是友好的眼光去看待中澳之间的合作,这一点在下一章的民调研究中也可以看出。2009年度的洛伊民调显示,有50%的澳民众认为政府已经允许过多的中国投资进入澳大利亚,2010年这一比例上升到57%;同时,认为中国会成为澳大利亚威胁的民众比例,2010年较2009年上升了5%,超过60%的澳大利亚人认为中国更强大的实力和影响力会损害澳的利益。想要改变如此疑虑重重的投资环境,中国需要以客观的态度对待外国的政党轮替,不能由于对某一外国领导人或政党的期许而在对外政策上作过大调整,在对外交往中应正确把握他国的整体情况,审时度势,以开放互利的态度寻求合作,获取更广泛的理解和支持,进一步改善国际环境。

第五节 本章小结

对比《澳大利亚人报》与《澳大利亚金融评论报》所构建的中国国家形象,首先,两报在对外态度上一致性高;其次,对中国国家形象的描述相似;第三,对政府的态度差异较大。

来自中国的投资不仅帮助澳大利亚尽快走出了全球金融危机带来的影响,还成为澳经济过去十年间繁荣增长的关键因素,这一点已经得到澳大利亚社会的广泛认可,但在"力拓案"发生后,澳大利亚社会所积累的对中国是否过度投资,是否意欲控制澳大利亚自然资源的担忧情绪爆发。反对党将这一责任推给了总理陆克文,指责陆克文虽然会说中文,但却夸大了自己与中国进行交流、沟通并施加影响的能力,执政期间缺乏清晰稳定的中澳关系立足点,对两国关系的恶化负有责任。

虽然澳反对党看似对执政党颇多非议,但应清晰地认识到,政党的轮替并不能从根本上改变一个国家的对外态度,或引起政策的根本性转换。在中国问题上,澳大利亚的政党轮替不会产生根本性影响,反对党的攻击只是为提高自己的国内支持率,谋求更有利的政治环境。这一点从《澳大利亚人报》与《澳大利亚金融评论报》两大报纸在涉华报道中对中国一致的态度就可得到证明。在对外关系的处理上,不能指望或依赖某一外国领导人或政党,而应以客观的态度对待外国的政党轮替,与整个国家社会展开对话,同时,基于国家利益,做出最好的选择。这应成为外交活动的一个基本准则。

第六章

澳大利亚民众眼里的中国国家形象

《澳大利亚人报》和《澳大利亚金融评论报》都有一个板块，名为"*LETTERS TO THE EDITOR*"(《致编者信》)，刊登的是读者就时事给编辑部来信发表的评论。一般都是当期热点，即所谓的"MOST TALKED ABOUT"。虽然两报的这个板块在2016年3月15日均被终止，但其存在期间确实在报纸与民众之间架起了交流的桥梁，让普通民众的声音也有机会见报。

在一般情况下，报纸的新闻报道都是由报社记者或特约撰稿人完成，普通民众处于接受者的位置。纸质媒体在信息传递中具有不可忽视的重要作用和影响，正因如此，报纸才值得被深入研究，但其在信息反馈方面存在不足，《致编者信》的存在就是为普通民众提供发表意见的渠道，也是最重要最主要的渠道。纸质媒体不同于现在的网络新媒体，留言评论发表观点非常方便。只要有观点想分享，就可以在网络上发表。传统纸媒在这一点上虽远不如网络媒体开放，但另一方面，网络由于过于便捷随意，上面的意见和评论铺天盖地，鱼龙混杂，不管是大多数人的意见，还是极少数人的观点，是全面客观的评论，还是偏激主观的看法，是真实的想法，还是虚假的炒作，都难以控制和预料；而报纸媒体上刊登的信息则经过记者收集撰写、编辑部筛选整理，具有一定代表性，相对于网络信息要可靠可信得多。因此，关注《致编者信》这一板块，能为了解澳大利亚民众眼中的中国国家形象提供参考。

此外,民意调查也是一项参考的重要标准。洛伊民调是澳大利亚著名民间智库洛伊国际政策研究所(Lowy Institute for International Policy)下设的一个项目。洛伊国际政策研究所成立于 2003 年 4 月,在由美国宾夕法尼亚大学智库研究项目研究编写的《全球智库报告 2016》(*2016 Global Go To Think Tank Index Report*)中,全球(除美国之外)排名 51,在东南亚和太平洋地区排名第 6。洛伊研究所有一个比较有特色,且比较成功的项目,即从 2005 年开始每年都会对公众的国际事务看法作一系列调查,包括对中国、美国等主要国家同澳大利亚关系的看法等。这些民意调查被很多研究作为一项权威数据。以澳大利亚著名的洛伊民调为参考,对澳大利亚民众眼中的中国国家形象进行分析,并将之与新闻媒体所构建的中国形象进行对比。

本章将结合框架理论和互文理论进行研究。首先,以框架理论就《致编者信》中的中国国家形象进行构建;接着,由于新闻媒介在构建社会现实的过程中,必然存在主观诠释,而读者在接受新闻信息时,同样会进行主观理解,因此,需要以互文理论对新闻篇章与读者观点间的互动关系进行考察;最后,综合以上的研究结果,对新闻媒体、读者群体以及澳大利亚民众眼中的中国国家形象进行对比分析,这些就是本章的主要内容。

第一节 《澳大利亚人报》的《致编者信》分析

一、读者关心的问题

2007 年 11 月 24 日—2010 年 6 月 24 日的两年半时间里,《澳大利亚人报》共有 285 篇《致编者信》有内容涉及"中国",每一期《致编者信》都有一个热词"MOST TALKED ABOUT"。这些来信对当时的社会热点问题发表看法,涉及气候、政治、军事、农业、政策等各方面。每一篇《致编者信》刊登少则数位,多则十数位读者的来信。经过整理,与"中国"相关、出现频率最高的前三位热词分别是:"气候变化""中国人权""陆克文与中国",下面就根据这三个主题作进一步分析。

(一)气候变化

这一组涉及气候变化的热词包括"CLIMATE'S CULPRITS"("气候问题的罪魁祸首")、"THE PLANET'S FUTURE"("我们星球的未来")、"GARNAUT REVIEW"("加诺特气候变化报告")、"CLIMATE CHANGE"("气候变化")、"EMISSIONS TRADING"("排污权交易")、"CARBON CAPTURE"("碳捕获")等。其中,"CLIMATE"("气候")、"EMISSIONS"("排放")、"CARBON"("碳")以及"GARNAUT"(人名:加诺特)都多次重复出现。这些热词基本都属于"气候变化/环境问题"范畴,故将它们归为一类。

陆克文2007年11月24日选举获胜,12月3日直接签署了《京都议定书》,扭转了前任霍华德保守派政府常年来拒绝在环境问题上作出承诺的态度;2008年12月15日,陆克文政府发表了减少澳大利亚温室气体排放量的白皮书,提出排污交易计划(Emissions Trading Scheme),此计划后因反对党变卦,先后两次在参议院被驳回;12月7日,陆克文出席哥本哈根世界气候大会,欲借助国际舆论推行自己的减排政策,但因中国、美国和印度等高碳排放国家拒绝达成一致而使其无功而返。

这一系列事件使"气候变化"问题成为澳大利亚媒体和民众关注的焦点,中国也因为在其中的重要作用而受关注。

(二)中国的人权

这一组热词包括"VIOLENCE IN TIBET"("西藏的暴力事件")、"BEIJING'S ROLE IN TIBET"("西藏问题中北京的角色")、"TIBET AND THE OLYMPICS"("西藏与奥运会")、"OLYMPIC TORCH"("奥运会火炬")、"CHINA AND HUMAN

RIGHTS"("中国与人权")、"CHARTER OF RIGHTS"("权利宪章")、"GAMES CENSORSHIP"("游戏审查")、"LIBERAL LEADERSHIP"("自由领导")等。这些热词虽涉及"西藏""奥运会""权利"等看似不同的事件,但其核心都与"中国人权"这一困扰中国外交的问题有关。

"TIBET"和"OLYMPIC"是重复最多的两个词。虽然从词义上看,两者联系不多,一个是地区名,讨论的应是地区问题;另一个是全球性运动会,应与体育关系密切。但阅读后可知,由于当象征中国人民和平友谊的北京奥运圣火在五大洲传递时,遭到干扰,"疆独""藏独"等敌对势力曾多次试图破坏圣火传递,使"西藏"与"奥运会"被联系在一起,它们所代表的并不是地区或运动会本身,而是一次中外势力的对抗。在这两个热词背后,中国的人权问题再次成为焦点,也备受澳大利亚媒体和民众关注。

(三)陆克文与中国

陆克文参选总理的时间正是全球金融危机爆发前澳大利亚经济的敏感时期,中国市场对澳经济的走向十分关键;同时,对选举结果起到决定性作用的本尼朗(Bennelong)选区人口结构发生变化,以中国人和韩国人为主的亚洲移民大幅增加;受这两大因素影响,陆克文的汉语背景对他最后获得大选胜利起到了积极作用。

但这个会说中文的总理在澳大利亚民众眼中不免显得有些特殊。他与中国的关系多次成为讨论的焦点,如"RUDD'S DIPLOMACY"("陆克文的外交")、"OUR MAN IN BEIJING"("我们在北京的人")、"RUDD V THE MANDARINS"("陆克文与汉语")、"RUDD'S BIG IDEAS"("陆克文的大想法")等。澳大利亚民众似乎特别关心陆克文的汉语背景及其对中澳关系的处理。作为国家领导人受到民众的关注无可厚非,但若他与某国的联系被特别重视的话,又会产生怎样的影响?陆克文的"中国通"背景对其有利还是有弊？他对中国问题的处理，能否让澳大利亚民众满意？这需要进一步考察。

二、读者的态度

为了了解读者的态度，分别在与三大热词相关的读者来信中找到直接针对中国表达态度的关键句，整理后予以分析。

（一）气候变化

在与"气候变化"相关的读者来信中进行关键句整理，得到表 6.1：

表 6.1 《澳大利亚人报》2007 年 11 月 24 日—2010 年 6 月 24 日《致编者信》中与"气候变化"相关的涉华观点

观 点	例 句
中国是碳排大国	1. China is the world's largest user of coal—2.2 billion tonnes annually, forecast to grow to 3 billion tonnes in 2015. 2. On the other hand, China, which does not give a toss about carbon emissions, may well double its emissions by 2030.
中国应该承担责任	1. We should at least delay any scheme until China, India and the rest of the world take action. 2. In following such a path, China and India and others are behaving rationally and no less responsibly than the West. 3. The significance of this is in the fine print: "China will only promise to use less carbon per dollar of economic product—not reduce emission levels."
中国承诺有条件承担责任	1. China is prepared to commit to policies and measures to restrain its emissions trajectory if developed countries first accept this target,… 2. If China will not submit to verifiable emission reductions without subsidies from Western taxpayers, then Barna by Joyce just might be right.

续表

观点	例句
澳大利亚应承担更多责任	1. Right now the focus is on employing soft diplomacy to encourage China, India and others to get on board. 2. If Australia does nothing, when we emit five times more emissions per head of population than China and India, what chance do we have of persuading such countries to act? 3. Does a tonne of coal burned in China produce less CO_2 than when it's burned in Australia?
中国没有责任/中国有限责任	1. China is not the culprit here. 2. For those of us who do not rely on the ABC for our news, China's strategy at Copenhagen was no surprise. 3. After the West's many years of enjoyment and wasteful life-style, should China and other developing countries pay for the cost? 4. If developing nations were to accept restricted emission targets, more than half their citizens would be condemned to poverty. 5. Given that China is experiencing its second coldest winter in recorded history and South Korea its coldest, would Garrett advise those countries to significantly increase the emission of carbon dioxide and other "global warming gases" so that they can deal with their meteorological problems? 6. China, India and the rest of the developing world don't want to pay for the developed world's emissions.

资料来源：根据Factiva数据库所供数据整理而成。

根据这些关键句，对澳大利亚社会的主要观点进行总结，可知，针对"气候变化"问题，澳读者主要有两种观点，一种认为无需担忧，这是气候的自然变化，一种认为应采取行动，人类活动有责任。在第二种观点里，又可进行划分：一部分认为发达国家应负主要责任，中国不应为发达国家曾经的发展和现在的生活买单；

另一部分认为中国应承担很大责任,因为中国现在是一个世界排碳大国,对气候影响大。在第二种"中国有责任"的观点下,澳大利亚民众看到中国虽不情愿,但也愿意在发达国家承诺之后采取相应行动的态度,对此,有部分澳大利亚民众认为澳大利亚作为一个发达国家,应帮助中国实现更好的发展,对上述观点进行综合整理,可得图6.1:

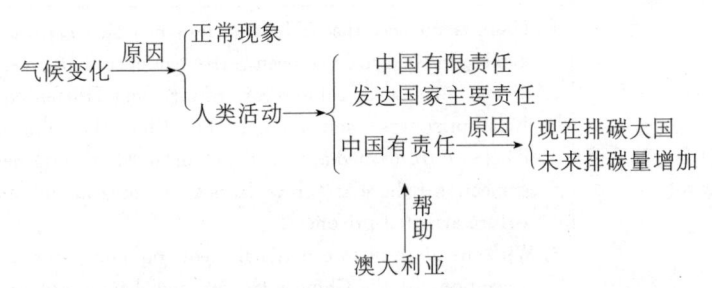

图 6.1 《澳大利亚人报》2007 年 11 月 24 日—2010 年 6 月 24 日《致编者信》中关于"气候变化"的读者观点

(二)中国的人权

在与"中国人权"相关的读者来信中进行关键句整理,得到表 6.2:

来信的观点相当一致,可归纳在对中国带有偏见、不公平的批评框架中,即"西藏在中国的强势统治之下,没有基本的人权,虽然奥运会是一个契机,但中国不会做出改变,面对这种情况,澳大利亚应做得更多。"因此,表 6.2 只列出部分关键句作为例证。

国外媒体在谈到西藏时,总是指责中国政府高压,甚至是专制的管理制度,经常以人权问题进行责难。从收集的《致编者信》来看,在地区近邻、亲密的贸易伙伴——澳大利亚,情况也是如此。地缘上的亲近、众多的合作和共同的利益亦难以使他们改变看法。其原因在哪里?中国政府的立场缘何不能得到外国民众

表6.2 《澳大利亚人报》2007年11月24日—2010年6月24日《致编者信》中与"中国的人权"相关的涉华观点

观　　点	例　　句
中国不会改变自己的做法	1. The view that the Olympics will liberalise China is wishful thinking. 2. Having reneged on that empty promise of respecting human rights, China's Games should be cancelled.
中国不尊重西藏人权	1. There is no way that Tibetans' human rights can reasonably be said to have been respected since that time. 2. Given China's despicable record of torturing Tibetan political prisoners—and reports that China has sealed Tibet off from media access and disabled its internet connection—there are grave fears that China intends to torture arrested prisoners. 3. With the glare of international media on Tibet, the interventions by the Chinese Government have been very restrained.
奥运会是中国改变的契机/中国应改变	1. It is not only in China's security, economic and cultural interest to do this, giving Tibet autonomy status will also signal to the rest of the world that China has finally come of age.
澳大利亚应有所行动	1. The Rudd Government must give substance to its lofty ideals and demand that China allow international human rights monitors and journalists access to Tibet.

资料来源：根据Factiva数据库所供数据整理而成。

或政府的接受理解？这种情况与上文分析的"热比娅"事件在性质、外媒舆论观点上颇有相似之处，可见在民族与地区管理问题的对外宣传策略上中国政府确实亟需调整改善。

北京奥运会的召开是让全国人民自豪不已的大事件，但在相当长的一段时间内，澳大利亚民众期待的却不是运动员的精彩表现，而是将其与"人权问题"相挂钩，与"西藏问题"相联系。产生这种联系的原因是2008年4月1日—5月3日,北京奥运圣火33天的境外传递过程中,在伊斯坦布尔、伦敦、巴黎等地多次遭到抢夺和袭击,个别组织和敌对势力的"疆独""藏独"分子试图破坏圣火传递。虽然最终,2008年北京奥运会顺利举行,向世界展现了一个全新的中国,在世界范围内扩大了中国的影响,提高了中国的世界地位,对中国国家形象的构建和改善起到了积极作用。但面对火炬传递中出现的不和谐情况,该如何处理,对中国外交不仅是一个考验,更是改善国家形象的一个途径。既要维护国家主权统一,也要展示泱泱大国的风范,这是中国在国家形象构建问题上亟需解决的另一个问题。

(三)陆克文与中国

陆克文作为第一位会说流利汉语的发达国家领导人,在处理中国问题时是否让澳大利亚民众更有信心?他的"中国通"背景对他的政治生涯起到什么作用?为了解澳大利亚民众如何看待陆克文总理与中国的关系,这一部分以"Kevin Rudd(陆克文)""China(中国)"和"relation(关系)"为关键词,进行搜索,共得到相关来信20封。这些信件分布于2008年2月—2010年6月之间,在谈到陆克文与中国的关系时,内容可以分为以下几个类别:

第一,关于陆克文的汉语能力和对中国的了解。

在提到陆克文时,澳大利亚民众经常会同时提起他会说汉语的事实,但所表达的态度却耐人寻味。将提到陆克文中国知识背景的内容整理出来,按照褒义、中性和贬义进行类别划分,可得到表6.3。

结果让人吃惊,在这一阶段,陆克文的汉语能力并没有为他赢得更多的支持和赞赏,反而在处理中澳关系时,成为他的负担和被指责的把柄。澳大利亚民众似乎对于他的汉语能力并不甚在意,"knowledge of the language would count for nothing."("语言知识毫无作用。")要么是流露出一种会不会汉语都一样的态度;

表 6.3 《澳大利亚人报》2007 年 11 月 24 日—2010 年 6 月 24 日《致编者信》中对陆克文中国知识背景的态度

态度	例 句	数量
褒义	1. It's not surprising that the media has been giving so much coverage to Kevin Rudd's ability to speak Mandarin when you consider that most of us have difficulty even peeling one. 2. Australia should work on further developing its trade and cultural relations with Beijing, capitalising on the goodwill Kevin Rudd has engendered with his interest in China and ability to speak Mandarin.	2
中性	1. How our Mandarin-speaking Prime Minister reacts to what China is doing to (in contrast to saying about) the people of Tibet can be considered as an item on a human rights IQ (HRIQ) test. 2. Could the Chinese-speaking Kevin Rudd be a mediator between the Dalai Lama and the Chinese leader on Tibet? 3. Interesting speeches in Beijing; Kevin Rudd's in Mandarin, Penny Wong's in English. 4. Kevin Rudd has given China a way to save face over the Tibet/Olympics/torch debacle by being a politic—rather than political—pipsqueak saying what needs to be said, politely, in Mandarin. 5. Rudd was convinced that commercial success in the Japanese and Chinese markets required businessmen to speak fluent Japanese, Mandarin and-or Cantonese.	5
贬义	1. So, come on Kevin Rudd, you've been keen to let Australia know that you speak Mandarin and that you understand China, so let's hear something along the lines of the urgent need for international media and UN observers to be allowed into Tibet. 2. Let's hope Kevin Rudd's ego knows the difference between understanding Mandarin and understanding the Chinese. 3. Maybe if he spoke to them in Mandarin or English instead of the double Dutch he is so fond of, there wouldn't be a problem.	13

续表

态度	例　　句	数量
贬义	4. We have every reason to be proud of Kevvy. Why, he is fluent in Mandarin, Larrikin, Spinish and Double Dutch. 5. What a fool our Mandarin-speaking Prime Minister must be to have even hesitated in rejecting the deal from the start. 6. Glenn Milne's deliberations ("Case calls for Rudd to ring his China plate", Opinion, 13/7) on the importance or otherwise of Kevin Rudd's knowledge of Mandarin confirmed my long-held belief that, with grim-faced Chinese officials, speaking Mandarin would be of novel interest only. 7. I bet they know a lot of people who speak Mandarin, including political prisoners, whose knowledge of the language would count for nothing in solving their current problems with the regime. 8. The problem is that the spin that Rudd gets away with in Australia is likely to go straight through to the keeper in China, regardless of whether he speaks in Mandarin or English. 9. Had Mr Rudd picked up the phone immediately and spoken frankly and fearlessly about Australia's concerns to his Chinese counterpart in Mandarin, as Mr Turnbull suggested he do, it would have put the superpower on notice that Australia is no pushover in global affairs. 10. Why not fly incognito to China, march into Premier Wen Jiabao's office, and punch him on the nose, saying "Take that, you mongrel" and "Pow!" in Mandarin? 11. Isn't it enigmatic that a self-confessed Sinophile and Mandarin-speaking Prime Minister could let our relationship with China, in less than 18 months, deteriorate to its lowest point in 10 years. 12. Of course Kevin Rudd would never accuse them of that, either in English or Mandarin. 13. Under Kevin Rudd, ex-diplomat and Mandarin scholar, formerly strong relations with Indonesia, India, China and now Japan have taken a quick dive, while there have been more sightings of Elvis Presleys lately than of Foreign Minister Stephen Smith.	13

资料来源:根据 Factiva 数据库所供数据整理而成。

"Let's hope Kevin Rudd's ego knows the difference between understanding Mandarin and understanding the Chinese."("让我们希望陆克文的自尊心明白懂普通话和懂中国人的区别。")要么是对他的汉语能力表示怀疑;"Kevin Rudd would never accuse them."("陆克文从不指责他们。")要么是因为陆克文的汉语能力而担心他与中国的关系过于亲密;"Isn't it enigmatic that a self-confessed Sinophile and Mandarin-speaking Prime Minister could let our relationship with China, … , deteriorate to its lowest point in 10 years."［"自诩亲华且会说汉语的总理……(两国关系)恶化到了10年来的最低点,这难道不令人困惑吗?"］要么是嘲讽他虽有汉语能力却把中澳关系越搞越糟。以上种种的不在乎、怀疑、担心或嘲讽都是贬义评价,数量上几乎是中性与褒义评价之和的两倍,揭示陆克文的汉语能力对他当总理并不是一件好事。

中性部分的句子没有明显的感情色彩,多为事实的陈述,这里不多讨论。

表达褒义评价的句子只有两个,其中一句说的是汉语确实比较难学,因此学会汉语的陆克文值得在这方面多被宣传,但并没有提到汉语在政治经济外交上有任何实际作用。另一句则提到了因为陆克文的汉语能力为澳大利亚与中国进一步发展经贸、文化关系奠定了良好基础,是一种肯定的评价;但这类褒义评价数量有限,质量不高,在数量众多、态度鲜明的贬义评价面前显得缺乏说服力而易被忽略。

了解到在澳大利亚民众眼里,陆克文的汉语背景并不能让他们赞赏,再来分析他们如何看待陆克文与中国的关系。

在谈到两者关系时,有几个词/词组使用频率相当高,包括"special relationship"("特殊关系")、"special friends"("特别的朋友")、"new best friends"("新的好朋友")、"friends"("朋友")等。这些词/词组本身并不含贬义,甚至有些是褒义的,但陆克文是一国之总理,中国是一个外在国家,用这些词/词组来形容两者的关系,恐怕就不合适了。国家领导人手握重权,决定着一个国家的未来,与另一个国家有"特殊"或"朋友"关系,不免会引起该国民众的忧心。

澳大利亚民众对会说中文的陆克文总理与中国可能建立过于密切的关系并不支持,甚至是反对的,"Now that we've seen how Kevin Rudd's 'special friends' treat his countrymen, let's hope he doesn't have any enemies."("现在我们已经见到了陆克文的'特别朋友'如何对待其伙伴,让我们希望陆克文没有敌人吧。")他们在使用上述高频词时,往往带有嘲讽的语气。还有从另一个角度进行讽刺,"What better chance would a former trade minister have to link his Vatican to Kevin Rudd's Beijing than via the Great Silk Road?"("一个前任贸易部长还有什么比利用丝绸之路更好的与陆克文的中国政府连结在一起的机会吗?")等。在澳大利亚媒体看来,似乎陆克文会中文,就应利用这一优势获得在中国的特殊地位,影响中国的决策,甚至在公开报道中采用"Kevin Rudd's Beijing"这样的表述,但中国作为一个独立主权国家,不可能因为陆克文的这一语言能力而给其特殊待遇,这种表述实际就形成了另一种类型的讽刺。

当然,对陆克文和中国的关系持积极态度的看法并非不存在,如"In fact, when we elected Kevin Rudd I thought the Lucky Country just might pull it off yet again and be in a position to quietly replace the failing American big brother with China when the time is right, just as we switched from England to the US."("实际上,当我们选择陆克文的时候,澳大利亚可能获得了胜利,在合适的时间,悄悄放弃正在衰退的美国大兄弟而与中国结盟,就像当初我们从英国转向美国。")从澳大利亚发展的角度,看到中国的强大和未来的潜力,希望与强者合作,选择陆克文当总理

是为了选择一个更好的未来。当陆克文参加竞选时,全球金融危机面临爆发,澳大利亚正处于一个敏感时期,所有人对未来经济局势可能恶化怀有担忧和不安。这时,陆克文带来一个新的可能,即澳大利亚的近邻——中国,一个强大、拥有无限潜力,且经济与澳大利亚互补的大国。中国发展势头强劲,若有一个国家能帮助澳大利亚渡过难关,那必然是中国,之后事态的发展也确实印证了这种预测。澳经济能快速复苏并进一步发展,与中国的合作起到了至关重要的作用。

当陆克文担任总理后,在处理中澳关系时,他的汉语能力反而成了一个钳制因素。陆克文的每一个举措或表态都会引起讨论,稍有不慎就会被澳大利亚社会所质疑,责备他对中国过于软弱而不敢直言,或是被中国政府反对,挑战他一些涉及中国利益的决定。这种内外夹击的尴尬局面,再加上在处理其他国内国际问题时的失误,陆克文的总理生涯走到了尽头。

三、 中国国家形象总结

基于读者来信,首先,整理出《澳大利亚人报》的读者最为关心的,与中国相关的三大热点问题:"气候变化""中国人权""陆克文与中国";接着,对这三个问题的读者看法进行梳理,继而从这三个方面进一步对中国的国家形象进行了分析。

澳大利亚读者眼中的"中国",在"气候变化"问题上,是一个强大、发展迅速却还没有承担足够国际责任的国家;在"中国人权"问题上,是一个因存在少数民族与地区管理问题却不愿做出改变而被批评的国家;在"陆克文与中国"的问题上,是一个可能与澳大利亚"中国通"总理有"特殊"关系而需要被警惕的国家。

现在,将这三个方面的中国国家形象进行综合叠加,对澳大利亚读者在《致编者信》中所构建的中国国家形象进行总结,得到图6.2:

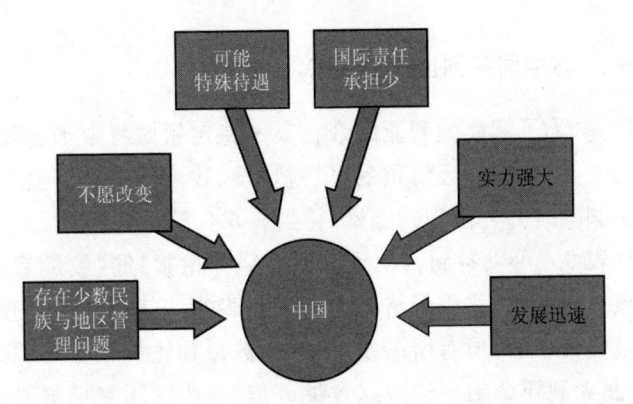

[图:中国 — 可能特殊待遇、国际责任承担少、不愿改变、实力强大、存在少数民族与地区管理问题、发展迅速]

图 6.2 《澳大利亚人报》《致编者信》三大热点问题中中国国家形象

上图中,黑色字体代表正面形象,白色字体代表负面形象。可见,负面形象居多。中国实力强大,发展迅速,但还存在诸多问题。虽然一些负面形象的形成与外国媒体/民众对中国的固有偏见和所得信息的片面性有关,但这一形象在澳大利亚读者中已得到较为广泛的接受。为了改善国家形象,中国需要对固有偏见开展针对性工作,对信息的片面性问题与外国媒体/民众展开更全面的交流。

第二节 《澳大利亚金融评论报》的《致编者信》分析

《澳大利亚人报》的《致编者信》每次刊登多封来信,对篇幅要求不高,寥寥数语即可。与此相比,《澳大利亚金融评论报》的《致编者信》风格截然不同,每次只刊登一篇来信,篇幅虽不长,但内容更完整,观点更清晰。2016年3月15日该栏目终止以前,在陆克文任期内,该报共刊登了101篇与"中国"有关的读者来信。下面从与中国并列出现的国家和信件内容出发,探析该报的读者所构建的中国国家形象。

一、与中国并列出现的国家

首先,为了解澳大利亚民众在某一特定领域将中国与哪些国家归为一类,整理在经济贸易、气候环境、政治安全及社会生活领域与中国同时并列出现的国家,得到表 6.4。

从表 6.4 可以看到,《澳大利亚金融评论报》的《致编者信》传承了该报的特色,注重经济方面的观点表达。其他无论是政治安全还是社会生活,虽有所涉及,但总体数量和比例较少。因此,在分析《澳大利亚金融评论报》《致编者信》的中国国家形象时,宜重点考察经济贸易方面。

表 6.4 《澳大利亚金融评论报》2007 年 11 月 24 日—2010 年 6 月 24 日《致编者信》中与中国并列出现的国家/地区

事件	国家/地区	次数
经济贸易	印度	9
	美国	7
	日本	4
	俄罗斯	2
	德国、韩国、越南、英国、柬埔寨、泰国	1
气候环境	印度	6
	美国	2
	英国、德国	1
政治安全	俄罗斯、朝鲜、美国、斐济、伊拉克	2
	南非、巴基斯坦、中国台湾地区、朝鲜、新西兰、津巴布韦、斯里兰卡、缅甸、孟加拉、泰国、日本	1
社会生活	美国	2
	泰国	1

资料来源:根据 Factiva 数据库所供数据整理而成。

经济贸易方面,与中国并列次数最多的是印度,其次是美国、日本。

印度与中国虽然在体制、政府结构等诸多方面差异明显,但两国同处亚洲,是世界人口大国,处于高速发展中,对世界经济的作用越来越重要。同时,在发展中,两国亦不可避免地遇到了一些问题,在国际社会上受到指责。正是由于这些基本情况的相似之处,两国经常被相提并论,作为同类国家进行一些政策、态度、发展前景的比较。

第二位是美国,美国在很多方面都堪称世界第一,是一个名副其实的世界强国。作为澳大利亚的传统盟友,美澳两国在经济、政治等诸多领域都有密切合作。相较而言,中国与澳大利亚的合作起步较晚,虽然发展很快,但与美国的影响相比,在某些方面仍有所不及。在讨论中澳经济发展时,常将美国作为比较的参考标准,或可能超越的目标而提及。

第三位是日本,中澳两国经济合作的密切程度虽早已超越日本,但日本仍是澳大利亚重要的合作伙伴。日本是亚洲的老牌强国,也是澳大利亚传统的盟友,两国关系相当密切。而中日两国历史渊源深厚,同属亚洲国家,经济上亦有密切合作。近些年,日本虽有发展减缓、经济衰退的迹象,在很多方面已被欣欣向荣的中国所超越,但在分析亚太经济形势或澳大利亚合作伙伴时,仍是一个重要的国家。

第四位及再往后提到的国家可分为两类,一类是亚洲国家,这表明中国与其他亚洲国家之间的联系较为密切;另一类是世界经济强国,中国经济实力提升,已成为世界经济中最具活力且无法替代的部分。

第二个值得关注的是气候环境,但并不是广义上的环境问题,而只是"气候与减排"。其焦点在于陆克文的减排政策和哥本哈根气候大会。陆克文在其任期内对澳大利亚的环境政策采取了比较激进的态度。不仅签署了《京都议定书》,在国内国际大力推行减排政策,而且发表了减少澳大利亚温室气体排放量的白皮书,提出了有明确减排目标的排污交易计划。对此,澳大利亚媒体给予积极关注,连侧重经济报道的《澳大利亚金融评论报》亦不例外。

在这个问题上,中国被放在与印度对等的位置上,这是因为两国除了上文所提到的诸多相似情况,还同时是两个碳排放量大的国家。高速发展加上庞大人口,中印两国虽采取了一定措施,特别是中国,已制定了一些相关的法律文件和减排目标,但由于条件所限,碳排放量在世界上仍位居前列,被一些国家和媒体指责应对气候变化承担更多责任。

陆克文在国内推行减排政策,但由于反对党在环境问题上的立场发生转变,使其政策推行受阻。之后在哥本哈根举行的世界气候大会上,陆克文曾想利用自己对中国的影响,并借助国际舆论推行减排政策。没想到中国并不支持,他的计划因中国、美国和印度等碳排放量高的国家拒绝达成一致协议而搁浅,陆克文不得不无功而返。据说恼怒的陆克文曾暗下爆粗口对中国代表团表示不满,结果被媒体偷录,一度引发了中澳关系的紧张。这一挫折对他打击较大,也对他在国内的声望和权威造成一定负面影响。这一系列事件当时是澳大利亚社会关注的热点,同时也可以帮助理解中国与美国、印度并列出现的情况。

二、信件内容分析

相对于政治安全、社会生活方面的新闻,经济贸易和气候环境问题更受《澳大利亚金融评论报》读者的关注。出于样本量的考虑,在信件内容的分析中,将重点关注"气候变化""经济发展"两个主题。

(一)气候变化

对"气候变化"问题的关注,《澳大利亚金融评论报》与《澳大利亚人报》相似。在刊登的 101 封来信中,以"气候变化"为主题的共有 8 封,占 7.92%,属热门话题。这些来信就中国在"气候变化"问题上是否应承担责任进行讨论,所述观点基本可分为以下三个方面:

第一,为中国辩护,如"India and China face a massive challenge of poverty alleviation, and—however inconvenient—the justice of their argument is hard to fault."("印度与中国面临严峻的脱贫挑战,虽然很麻烦,但他们论据的全理性难以批驳。")这类观点主要是基于个人知识对中国给予支持,认为中国提出的方案是一个"ethics"("规范")的有道理的方案。虽然这一方案被很多人批评,认为中国"cheeky"("厚颜无耻")。但同时,基于对中国国情的了解,这部分观点认为中国目前所采取的态度是可以理解的。因为中国国内尚存在很严重的脱贫脱困问题,很多人需要依靠经济的持续发展解决生活需求,因此,中国不可能一下子承诺大幅度减排。这些对中国立场表示理解的观点是在对中国国情较为了解的情况下提出,从一个侧面表明,让更多的外国媒体或民众了解中国的实际情况,有助于在国际社会获得更多的理解,有利于中国国家形象的改善,以及创造对中国发展更友好的环境。

第二,中国有责任,如"The reality is coal will remain the fuel for 65 to 70 per cent of China's (and Australia's) primary energy needs for decades."["现实是在未来几十年时间里煤仍将提供中国(澳大利亚)主要能源需求的 65%—70%"。]这类观点认为中国的碳排放量处于较高的水平,且在短期内这一现状不会改变,世界气候确实因此受到影响,所以,中国对全世界的减排负有不可推卸的责任。同时,《澳大利亚金融评论报》的读者也意识到,要求中国在短期内改变现状非常困难,"煤炭在今后几十年内仍将占中国主要能源供应的 65%—70%"。虽然他们对中国是碳排放大国的原因有较为客观的认识,知道是出于"迅速提高人民生活水平"的需要,但这无法改变中国在"气候变化"问题上应承担相应责任的实际情况。他们认为这是作为一个世界大国,应有的觉悟。

第三,中国的态度,如"Does our former ambassador to China seriously believe that an Australian emission trading scheme would help persuade China to adopt an emission reductions policy?"("我们的前任驻华大使真的认为澳大利亚排放交易计划能说服中国采取减排政策?")"The developing nations, led by China and India, have made it abundantly clear that the developed world, which created the problem, must do the initial heavy lifting in cleaning it up."("以中国印度为首的发展中国家已经清楚地表示造成这一问题的发达国家必须在解决方案中承担主要任务。")这类观点主要是指中国在面对减排问题时的态度,可分为两种:一种是即便在一定的督促之下,中国也不愿采取行动减排。澳大利亚在这方面作出了努力,提出自己的排污交易计划,陆克文总理欲利用自己对中国的影响,促使中国承诺减排,但效果甚微,就好像"向暴风中吐口水"。另一种是由于不愿意为发达国家买单,中国要求发达国家首先采取行动。在这类观点中,中国认为现有的气候问题,发达国家应负主要责任,他们应首先采取措施,而不是由中国或印度这样的发展中国家来承担后果。

从信件内容看,《澳大利亚金融评论报》的读者倾向于引用该报已刊登新闻。"Allan Fels and Fred Brenchley ('Time to lift veil on climate pain', Opinion, December 4) say that countries like India and China are being 'cheeky' when they ask for per capita rather than country limits to greenhouse emissions."["Allau Fels 和 Fred Brenchley(《是时候揭开气候问题的面纱》,Opinion 版,12月4日)谈到像印度和中国这些国家在提出人均排放而不

接受国家限排的时候,是'厚颜无耻'的。"]这些引用的内容来自该报的新闻报道或其他读者来信。这一倾向很可能是由编辑部的选择所造成,有人为导向的嫌疑,此处不多讨论。为使澳大利亚民众心中的中国国家形象更客观,下面会对覆盖面更广的民调中显示的中国国家形象进行分析。

总的来说,两份报纸的《致编者信》中在"气候变化"问题上对中国的核心观点比较一致,即在澳大利亚民众眼中,作为排碳大国,中国对气候变化负有责任,但即使有澳大利亚的督促,中国仍不愿承诺减排,要求发达国家先采取行动,但同时,考虑到中国现阶段国情的需求及过去几十年发达国家所进行的碳排放情况,中国的态度并非完全不能理解。

(二)经济发展

首先,在101篇与"中国"相关的读者来信中,提取关于中国经济及中澳经济合作的观点,将其分为中国经济的基本情况、中国对内经济政策、中澳经济合作三个方面进行整理,得到表6.5:

表6.5 《澳大利亚金融评论报》2007年11月24日—2010年6月24日《致编者信》中关于中国经济及中澳经济合作的观点

描写分类	具 体 内 容	总 结
基本情况	能源使用率提高、潜力无限、高速发展、未来可能超越澳大利亚、低端生产发达	强大有潜力
对内 (中国国内)	保护国有企业、经济转型发展、经济发展生活水平提高	对内保护
对外 (中澳合作)	限制外资、欲控制澳大利亚公司、欲控制澳大利亚资源、高关税	对外控制
	给澳大利亚带来利益、经济合作密切、对澳投资增加迅速	关系密切

资料来源:根据Factiva数据库所供数据整理而成。

表 6.5 所展示的中国国家形象,有以下三大特点:第一,与澳大利亚联系密切,强大有潜力;第二,对内对外态度截然不同,对外设置重重障碍,以对内尽可能保护;第三,野心大,意欲控制外国(澳大利亚)公司和资源。

在中澳合作中,除了第一个特点,其他两点均让人心生不满和担忧。任何一个国家都不会愿意在不平等的条件下与对方合作,也不会乐意见到自己国家的公司、资源被他国所控制。这一方面的中国国家形象虽充满潜力和吸引力,却有些自私而带侵略性,让澳大利亚的读者感到忧虑。

其次,鉴于上文的分析结果,笔者认为有必要考察中国投资在澳的实际境遇,以了解民众的观点对中国投资的影响。在 101 封与"中国"相关的读者来信中,以"中国投资"为关键词进行过滤,得到直接相关的来信 15 篇,对来信内容进行详细划分,可得到表 6.6:

表 6.6 《澳大利亚金融评论报》2007 年 11 月 24 日—2010 年 6 月 24 日《致编者信》中与"中国投资"有关的内容

内容类别	相关表述	核心观点	句子数量
对待中国投资的态度	1. China's appetite for control of Australian natural resources necessitates an urgent policy review of takeovers.	中国对澳企业/资源野心勃勃	1
	2. Labor MPs want to use the Chinese government-owned Chinalco bid for Rio Tinto's assets as a lever to increase investment opportunities for Australian companies in China ("Gain leverage from Rio bid: MPs", February 20).	要利用中国投资	1

续表

内容 类别	相关表述	核心观点	句子 数量
对待中国投资的态度	3. The Foreign Investment Review Board extended its review of the China Minmetals transaction for 90 days, so why did the Treasurer have to announce the federal government's decision to prohibit Minmetals acquiring the jewel in OZ Mineral's crown just as its bankers were expected to extend a one-month extension to their loan? 4. For OZ Minerals, there's no real short-term alternative to China's Minmetals taking a stake in the struggling miner. But for Rio Tinto's Weipa bauxite operations on Cape York and the Hamersley iron ore mines in the Pilbara to be sold 30 per cent and 15 per cent respectively to Chinalco is going too far. 5. In a geopolitical and strategic sense, the signal from the Lynas decision is unnecessarily but unmistakably hostile to China.	要限制中国投资	3
中国经济对澳的影响	1. The doorstep-of-Asia commodity producer that is Australia will continue to reap the rewards of a robust China and Asia. 2. In times of global financial(and now increasingly economic) crisis, Australia naturally looks to those countries that may be able to maintain reasonably steady economic growth. In this context much attention is being given to China, which has been increasing its imports from Australia at a rapid rate and thereby stimulating much investment in our minerals industry. 3. Treasury's summer Economic Roundup says that from (just) the 2004-05 budget to the 2007 election, the China boom added \$334 billion in windfall gains to the budget surplus. 4. The unprecedented levels of investment are a huge bet on industrialisation in China, India and emerging Asia continuing to drive demand for commodities.	中国经济与澳大利亚经济休戚相关,中国经济稳步发展有利于澳大利亚	4

续表

内容类别	相关表述	核心观点	句子数量
中国国内的经济情况	1. China itself heavily restricts foreign investment in its own industries and has recently announced that it will pretty much ban foreign investment in its resources sector. 2. Heritage Foundation research fellow Derek Scissors gives a bleak perspective on Beijing's economic policy("Seeking reform from a back-pedalling Beijing", Opinion, May 11). He criticises state control over the banks and "state-directed investment". 3. The intense pressures on ethnic Chinese negotiators to bend on matters of national interest cannot be overestimated. 4. Australian(and other foreign) businesses cannot own more than 25 per cent of a Chinese firm. It has been only since 2002 that China allowed foreign companies to buy stakes in publicly traded state-controlled enterprises.	中国现行经济政策不合理	4
	5. Over three years, compound growth rates in each of the Chinese and Indian economies might be expected to be more than 30 per cent for China and approaching 25 per cent for India.	中国经济持续增长	1
	6. China, meanwhile, is also undergoing a delicate balancing act-keeping overall economic growth afloat while containing potential bubbles in capital investment, bank lending, and asset prices.	中国需要平衡好经济增长与泡沫遏制	1

资料来源:根据 Factiva 数据库所供数据整理而成。

第六章 澳大利亚民众眼里的中国国家形象

三大内容看似分布均衡,但实际每一部分的观点都存在差异。根据各观点的所占比重,得到图6.3:

1. 对待中国投资的态度　2. 中国经济对澳的影响　3. 中国国内经济情况

- 中国对澳企业野心勃勃
- 利用中国投资
- 限制中国投资

- 中澳经济休戚相关

- 中国现行经济政策不合理
- 中国经济持续增长
- 中国需要保持平衡

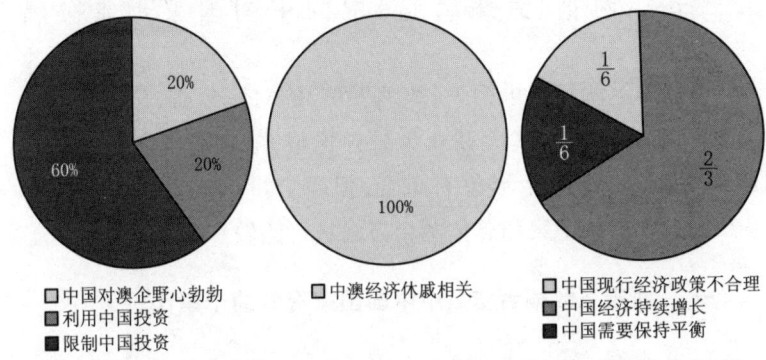

图6.3 《澳大利亚金融评论报》2007年11月24日—2010年6月24日《致编者信》中与"中国投资"有关的观点

可以比较清晰地看到,在对待中国的态度上,"限制中国投资"为主要观点;在中澳经济关系上,意见一致,两国经济关系密切;在看待中国国内经济情况时,对中国现行经济政策的不满较多,包括中国大量对外投资,却限制外资在中国的投资以及中国的对外投资以国家为主导。

三、中国国家形象总结

将中国在减排问题和在经济领域的形象进行重叠,可以看到在《澳大利亚金融评论报》读者的眼中,无论在哪个领域,中国的国家形象都是实力强、发展快、潜力大。差异部分在于对待减排问题,部分读者较为宽容,认为中国虽在承担国际责任上有欠缺,但考虑到中国的国情和气候变化的历史原因,中国的态度可以理解;而在经济领域,中国的国家形象被抱怨得较多,澳大利亚读者根据自己接收的信息,单方面认为中国经济政策内外有别,对外大量进行投资,对内严格限制外资,加上国家主导的经济投资模式,引起他们对中国在澳大量投资可能造成严重后果的担心,形成"应限制中国投资"的主流意见。

第三节 两报《致编者信》中的中国国家形象分析

通过对这两年半里相关《致编者信》的对比分析,分别构建了《澳大利亚人报》和《澳大利亚金融评论报》的读者群所认知的中国国家形象。这两个形象有重合,但重合度有多高?差异在哪里?这部分将从个案和总体两个方面进行比较和分析。

一、两报《致编者信》中中国国家形象的个案比较

（一）气候变化

受陆克文大力推行减排政策影响,"气候变化"在两报的《致编者信》中都是热门话题,首先,针对这一个案,对中国国家形象进行比较。

两报读者的核心观点中,异同之处可参见图6.4:

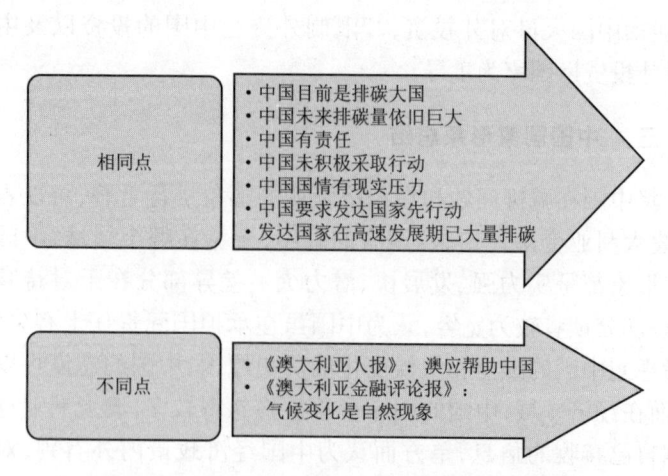

相同点
- 中国目前是排碳大国
- 中国未来排碳量依旧巨大
- 中国有责任
- 中国未积极采取行动
- 中国国情有现实压力
- 中国要求发达国家先行动
- 发达国家在高速发展期已大量排碳

不同点
- 《澳大利亚人报》：澳应帮助中国
- 《澳大利亚金融评论报》：气候变化是自然现象

图6.4 中国在"气候变化"问题上的国家形象异同

从图 6.4 的比较来看,相同点不管在数量还是重要性上都远大于不同点,说明在"气候变化"问题上,不管是《澳大利亚人报》还是《澳大利亚金融评论报》的《致编者信》所构建的中国国家形象基本一致。这一形象不是单独一份报纸的观点,而是基本得到了澳大利亚社会的认同,其主要部分就是:中国对气候变化有责任,虽未积极行动,但考虑到实际国情和发展历史,这一态度尚可理解。在这一问题上的中国国家形象虽不算上佳,但亦不算差。

若要进一步改善,可行的方法在于:首先,对"气候变化"问题应采取积极应对的态度;其次,让外国民众或媒体更好地了解中国现阶段的国情,必须发展以解决民生问题的实际压力;另外,在未来的发展规划中作出明确表态,调整产业结构。

(二)中国投资

经济合作是中澳两国联系最密切的方面,因此,将两报读者对"中国投资"问题的观点进行对比很有必要。这样,可以避免对单一报纸进行分析可能造成的观点狭隘或片面的情况。

上文经过搜索、过滤,从《澳大利亚金融评论报》得到与"中国投资"直接相关的读者来信 15 篇,并进行了观点整理。

这里以同样的方法对《澳大利亚人报》进行过滤、搜索,得到与"中国投资"直接相关的来信 27 封,其中所表达的观点参见表 6.7:

表 6.7 《澳大利亚人报》2007 年 11 月 24 日—2010 年 6 月 24 日《致编者信》中与"中国投资"相关的观点

观点	表达观点的句子
支持中国在澳投资	1. We are perfectly happy about China providing Australia with an economic boom by buying our minerals. So what's wrong with Chinese efforts to influence the Australian Government and business decisions? 2. They continue to deny that it is the resources boom and China-based demand that has saved Australia from the GFC, not the stimulus spending.

续表

观点	表达观点的句子
限制中国在澳投资	1. Kevin Rudd should go on the front foot and declare a wider range of strategic industries in which foreign investment is limited or prohibited, and then we can trade with China and others—but on Australia's terms. 2. The main points of current difference are over the non-war-like topics of the timing and content of a free trade agreement, and how much and what kinds of investment each should allow from the other. 3. I think that Clive Palmer should have a cup of tea, a Bex and a good lie down after his over-the-top comments about the Foreign Investment Review Board and Chinese investments in Australia. 4. If Clive Palmer insists on a fair go for China, when he is next in that country he could also raise a strident voice about our fellow Australian currently being held in a Chinese prison, Stern Hu. 5. One day, the boom will fade but by then investment, skilled labour and the mining companies' headquarters will have moved elsewhere.
中澳经济密不可分	1. Australia seems to be suffering from a bad case of the "Dutch disease"— windfall profits created by external demand for minerals from China and elsewhere, rather than by steady productivity gains. 2. The Beijing smog may be made in China but we can be proud of the fact it is produced from Australian coal. 3. Rowan Callick reports the positive views of those closely involved with Australian exports to China("China to grow but cut prices", 9/10). But while it seems a reasonable assumption that Chinese demand will continue to grow, albeit at a slower rate, it is important to keep this in perspective. 4. In relation to the Gorgon gas project, the federal Resources and Energy Minister Martin Ferguson is quoted as saying we are a country built on foreign investment and we continue to welcome investments that develop our resources for the benefit of all Australians.

第六章 澳大利亚民众眼里的中国国家形象

续表

观点	表达观点的句子
中澳经济密不可分	5. Once again, Australia leads the world. In being the first to solve the GFC, Twiggy and his mates proved that the financial health of our nation, and the employment of thousands, is directly dependent on the rate you can dig up rocks and sell them to China.
中国投资对澳有威胁	1. The risk to Australia in direct investment by the Chinese Government is that it could acquire outright or hold a controlling interest in key Australian resources companies if the Foreign Investment Review Board approves such investments. 2. China's patient long-term strategy to stitch up supplies and suppliers would ensure that Australia becomes a client state and would never again be able to drive a hard bargain for its mineral exports. 3. The latest incident is more evidence that Australia must resist Chinese investment or place its sovereignty at risk. 4. I'm heartily sick of the pressure from the corporate sector to sell off our national assets to the Chinese dictatorship.
中国投资扩张	1. The unthinkable needs to be thought about, namely that China and India now have the money to buy any company they want, anywhere in the world. 2. China has a mercantilist trade strategy designed to give it ownership, control and pricing of precious energy and mineral resources around the world. 3. But, worldwide, natural gas is running out just as quickly as oil which, presumably, is why China wants such a long-term LNG contract. 4. Mines are not factories. There is a good reason that China spends huge amounts of money developing resources all over the world … because they don't have resources like iron ore and we do. So, of course, miners are going to come here.
中国经济政策不合理	1. The Chinese people are restricted from buying imports with the excess profits, which instead provide a guaranteed market for US bonds as a matter of government policy, no matter how low the returns.

续表

观点	表达观点的句子
中国经济政策不合理	2. It would have made for more interesting reading if he had pointed out the futility of Australia entering into a so-called free trade agreement with China when it continues to artificially deflate its exchange rate to keep its exports super-competitive. 3. Given that China evidently considers sensitive information contained within state-owned corporations to be state secrets, it follows that any overseas investment undertaken by these firms really represents an investment by the Chinese state ("Chinese spy row escalates", 11—12/7). 4. FEW people are aware that China earns more through taxation imposed upon Australian commodity imports than the Australian government earns through the taxing of our exports.
澳国内经济衰退给中国机会	1. The mechanism would be the demise of so many Australian businesses that there were not enough of them left to support our mining boom. China would then encounter difficulties in securing the raw materials necessary to sustain its growth. 2. While billions of dollars in compulsory superannuation levies are collected each week in Australia, only to become part of a vanishing act, it is scandalous that jobs cannot be preserved with local investment. 3. If mining companies reduce investment in Australian assets there is a strong possibility that our assets will be taken over by investors from China and/or India.

资料来源：根据Factiva数据库所供数据整理而成。

在"中国投资"问题上，《澳大利业人报》《致编者信》的观点经整理可得到图6.5。

《澳大利亚人报》与《澳大利亚金融评论报》的读者关于"中国投资"问题的观点相似点在于：

第一，关注的主要方面类似，包括中澳两国的经济联系、对待中国投资的态度以及中国的经济情况这三个方面。

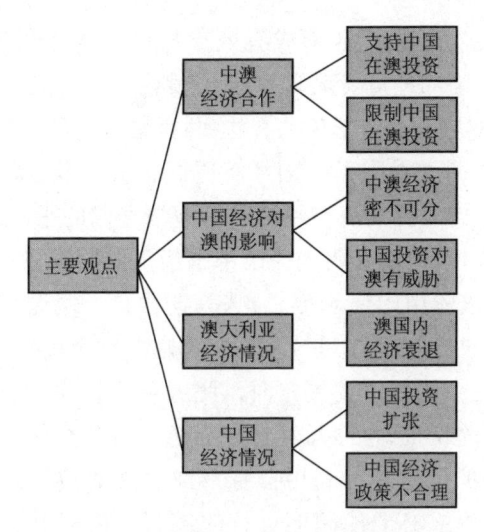

第六章　澳大利亚民众眼里的中国国家形象

图 6.5 《澳大利亚人报》2007 年 11 月 24 日—2010 年 6 月 24 日
《致编者信》中与"中国投资"相关的观点归纳

第二,对两国经济的联系,两报读者观点的一致性高,都承认两者关系非常密切。中国在帮助澳大利亚渡过全球金融危机,促进澳大利亚经济发展方面作用重大。没有中国的投资和市场,澳大利亚的经济将面临严峻考验。

第三,对中国投资的态度,虽有部分支持中国在澳投资的观点,但大部分读者认为应制定政策限制中国的投资扩张,不能接受中国继续在澳大规模投资,获取澳企更多的股份和澳更多的自然资源,认为这将使澳大利亚陷入被动和不利的局面。

第四,对中国的经济政策,读者们持否定态度,质疑中国以国家为主导的投资模式,认为这不是市场经济下应有的经济模式。

不同点在于:

第一,除了上面共同关心的三个方面,《澳大利亚人报》的读者还对澳大利亚的国内经济情况予以关注,认为中国之所以在澳大利亚获得大规模投资的机会,原因之一是本地投资乏力及澳经济疲软,不能对各大产业形成有效支撑而不得不借助外资的力量,他们对本国的经济情况似乎更为悲观。

第二,对中国经济形势的看法,两报略有差异。《澳大利亚金融评论报》的读者看到了中国经济所面临的问题,虽仍在稳步增长,却需要勉力维持经济增长与经济泡沫之间的平衡,略显艰难;《澳大利亚人报》则没有明确提出中国经济的问题,只是对澳大利亚经济过于依赖中国表示担心,认为这像是一场赌博,如果中国经济所带来的热潮衰退,澳大利亚将面临非常严重的后果。

第三,在中国经济发展方面,《澳大利亚人报》的读者不仅关注中国在澳的投资,也涉及其在世界范围内的扩张,倾向于认为中国投资的扩张是一种利用自身重商主义的贸易战略,是为了获取稀缺资源或必要能源而进行的部署,并不局限于澳大利亚一国。

二、两报《致编者信》中中国国家形象的总结

在《澳大利亚人报》与《澳大利亚金融评论报》所有的《致编者信》中,受澳大利亚民众关注的事件并不局限于上述个案,但无论对何涉华事件发表观点,总有一些内容重复出现,包括一些固定的词汇、事件背景和国家情况叙述。虽然这些内容出现的位置不同,形式不一,但由于重复出现,不论是单独的词汇描述,还是成句的信息表述或成段的背景介绍,都会让读者对其中所包含的信息留下深刻的印象,达到"重复强化"的效果。

由于这一部分是对两报《致编者信》中的中国国家形象所进行的总体比较,因此,将所有来信中对不同事件的评论内容进行提炼,而不局限于某一个案,所得到的中国国家形象基本包括以下几点:

第一,中国实力强大,未来潜力无限。这不论在哪个领域的叙述中都有体现,在经济实力上,澳读者将中国与美国相比较,中

第六章 澳大利亚民众眼里的中国国家形象

国对澳经济的重要性无可替代;在军事力量上,中国领先于亚洲其他国家,具有挑战世界强国的实力;在发展潜力上,中国在今后几十年可能在各方面取得惊人成绩。这一切都在以不同的方式传达同一个信息,即现在的中国很强大,未来会更强大。

第二,中国对内管理制度存在不合理。在对中国国情缺乏了解,且信息获取不全面的情况下,澳大利亚媒体毫无根据地指责中国政府在处理少数民族事务方面,缺乏基本的人权概念,对少数民族实行高压政策,切断他们的对外联系,甚至污蔑中国政府对敢于提出挑战的人予以流放,驱逐出境;抱怨中国政府在经济政策上,为保护国内经济而设置重重障碍,严格限制外资在中国企业所占的股份比例,对商品的进出口设置高额关税。

第三,中国对外扩张快且控制欲强。歪曲诋毁中国要求所有国家遵循中国已有的判断,将所有被中国列为"恐怖分子"的人视作"恐怖分子"对待。若有国家欲根据自己的意志进行判断,中国就会采取各种措施予以干涉;在经济合作上,质疑中国过度对外扩张,称中国在澳大利亚进行的大量投资是为了控制澳大利亚的企业和资源,且别有用心地强调中国的投资以国家为主导,对澳大利亚已经构成了潜在的威胁,需要引起警惕。

在个案比较上,虽然只对"气候问题"和"中国投资"作了较为细致的分析,但结合对其他方面的综合梳理,得到的关于中国国家形象,有正面形象,如强大的中国、发展迅速的中国、潜力无限的中国;亦有负面形象,如需要警惕的中国、制度不合理的中国、扩张的中国。

综上所述,中国的强大和发展已经完全被澳大利亚社会所认同,但随之而来的理解和支持却远远不够。在澳大利亚读者眼中,中国的负面形象超过正面形象,造成面对"中国"时,各类负面情绪较多,这些情绪包括:质疑中国的管理体制,质疑中国的对外政策,警惕中国的对外扩张,警惕中国的强大实力等。

中国寻求发展,维护国家统一,希望强国兴邦,和平崛起,这些是每个国家的合理追求,并不具有威胁性或侵略性,但实际情况并非如此。包括澳大利亚媒体在内的外国媒体,在对中国进行分析描写时,都会不经意地或是故意地流露出担忧、质疑和警惕情绪。

虽然偶尔也有对中国表示理解的观点,但对创建和谐宽容的国际环境而言,这些理解和支持远远不够。值得一提的是,相对于在气候环境、政治安全问题上可能获得的理解,中国在民族宗教问题上,面对的异议更多,这对中国今后的发展非常不利。为了改变这一现状,需要通过改变沟通方式、扩大交流、积极表态等手段逐渐对现有的新闻框架进行修正,以改善中国的国家形象,为中国今后的发展创造更友好的舆论环境。

三、新闻报道与《致编者信》的互动关系分析

第三章和第四章根据《澳大利亚人报》和《澳大利亚金融评论报》在军事安全、民族宗教和经济贸易领域的相关报道,构建了各领域的中国国家形象,但这个由媒体所构建的形象与澳大利亚民众所接受的形象是否一致?在对媒体新闻宣传的研究中,很重要的一环就是媒体观点与民众看法之间的互动,也就是所谓的"效果"。为了考察这一点,本章对新闻报道与《致编者信》中的中国国家形象进行比较,探究其中的异同。

(一)《澳大利亚人报》:"热比娅"事件

对《澳大利亚人报》进行中国国家形象构建时,在民族宗教问题上,选取了"热比娅"事件。通过分析,梳理了澳大利亚媒体所构建的基于事件发展的新闻叙事框架:从中国对热比娅的态度到两国关系紧张再到事件影响扩大,最后两国关系缓和。在这一受偏见影响的框架下,澳大利亚媒体所构建的中国国家形象亦被歪曲成"一个在事件处理上'强势'、在一些观点上'顽固而难以沟

通'，但在利益面前'现实'的国家"。相对于被歪曲的中国形象，热比娅则被澳大利亚媒体一厢情愿地塑造成了一个"成功的女商人""不屈的奋斗者""伟大的母亲""被压迫的弱者"。这两个差异巨大的形象对比，会对读者产生怎样的影响？这一部分，就"热比娅"事件相关报道的观点与读者来信中的中国国家形象进行互动分析，考察两者是否互相影响。

经搜索，共有七天的《致编者信》中有一封或多封读者来信对"热比娅"事件进行评论，按时间先后排序，同时对读者来信之前的新闻观点进行梳理，并据此制作图 6.6（注：表中白色字体为相关读者来信之前的《澳大利亚人报》刊登的相关新闻观点，黑色字体为读者来信的主要观点，箭头表示观点发布的时间先后顺序）：

图 6.6 显示，报道的重点和读者的观点都在变化。

第一次读者来信前，新闻报道的内容集中在"墨尔本电影节""新疆 75 事件""热比娅的背景"及"热比娅访澳的影响"，这些内容相对客观，多为事实的陈述，当时读者的观点对澳大利亚政府给予热比娅签证有支持也有反对。

第二次读者来信前，没有相关的新闻，读者的观点有一些变化，反对政府的观点不见了，取而代之的观点比较中性。

第三次读者来信前的新闻是对两国关系的评价、中方的反应以及西方价值观的内容，这一次读者观点的角度发生了明显变化，从对澳大利亚政府是否应给予热比娅签证转移到指责中国政府的态度，这种观点在第四次及其后的来信中得到延续，并成为主流观点。

第五次读者来信前的新闻比之前相对温和，出现"缓和""不强硬"等词，读者的观点也同样出现缓和，从之前对中国政府的指责抗议转变为相对中性的事实陈述和评价。

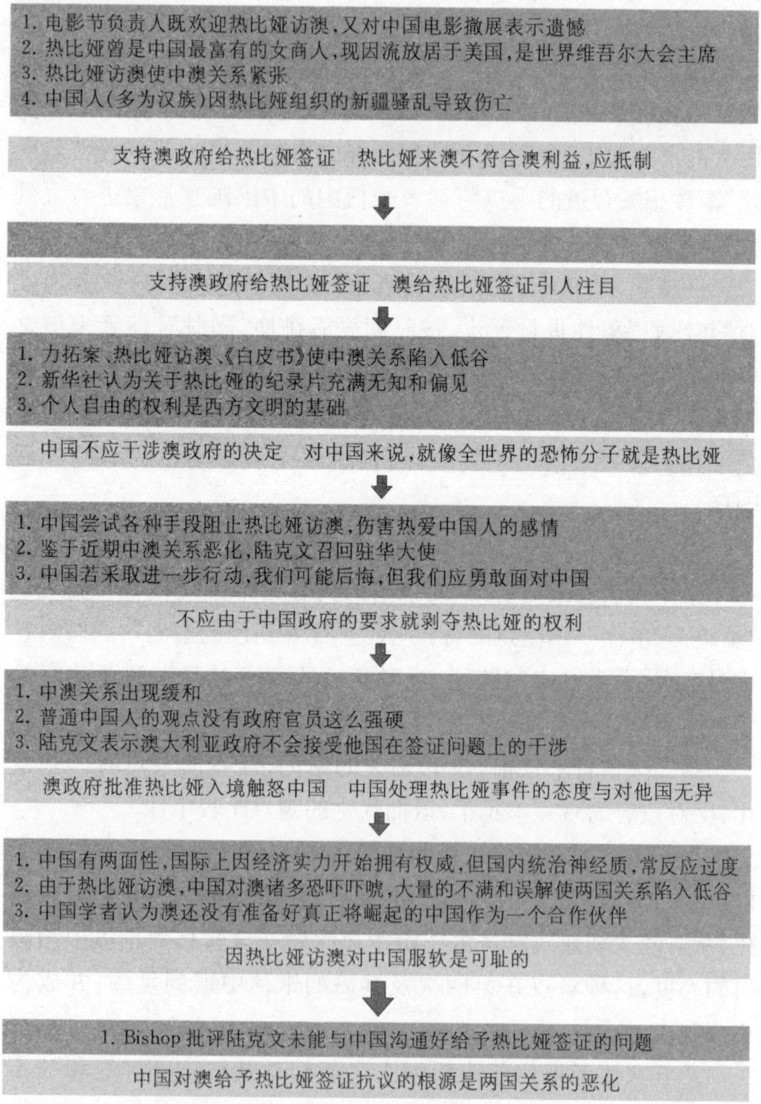

1. 电影节负责人既欢迎热比娅访澳,又对中国电影撤展表示遗憾
2. 热比娅曾是中国最富有的女商人,现因流放居于美国,是世界维吾尔大会主席
3. 热比娅访澳使中澳关系紧张
4. 中国人(多为汉族)因热比娅组织的新疆骚乱导致伤亡

支持澳政府给热比娅签证　热比娅来澳不符合澳利益,应抵制

⬇

支持澳政府给热比娅签证　澳给热比娅签证引人注目

1. 力拓案、热比娅访澳、《白皮书》使中澳关系陷入低谷
2. 新华社认为关于热比娅的纪录片充满无知和偏见
3. 个人自由的权利是西方文明的基础

中国不应干涉澳政府的决定　对中国来说,就像全世界的恐怖分子就是热比娅

⬇

1. 中国尝试各种手段阻止热比娅访澳,伤害热爱中国人的感情
2. 鉴于近期中澳关系恶化,陆克文召回驻华大使
3. 中国若采取进一步行动,我们可能后悔,但我们应勇敢面对中国

不应由于中国政府的要求就剥夺热比娅的权利

⬇

1. 中澳关系出现缓和
2. 普通中国人的观点没有政府官员这么强硬
3. 陆克文表示澳大利亚政府不会接受他国在签证问题上的干涉

澳政府批准热比娅入境触怒中国　中国处理热比娅事件的态度与对他国无异

⬇

1. 中国有两面性,国际上因经济实力开始拥有权威,但国内统治神经质,常反应过度
2. 由于热比娅访澳,中国对澳者多恐吓吓唬,大量的不满和误解使两国关系陷入低谷
3. 中国学者认为澳还没有准备好真正将崛起的中国作为一个合作伙伴

因热比娅访澳对中国服软是可耻的

⬇

1. Bishop批评陆克文未能与中国沟通好给予热比娅签证的问题

中国对澳给予热比娅签证抗议的根源是两国关系的恶化

图6.6　《澳大利亚人报》2007年11月24日—2010年6月24日关于"热比娅"事件的新闻观点与读者观点互动

资料来源:根据Factiva数据库所供数据整理绘制而成。

第六章　澳大利亚民众眼里的中国国家形象

之后的新闻观点多是对中国基本情况的说明及对这一阶段两国关系的评述，在内容上，没有对中国为何会反对热比娅访澳的解释，而简单将其归为政府的过度反应和两国间的误解，这对澳大利亚民众理解中国的立场并无益处，第六次读者来信的观点也反映了这一点。

最后的新闻内容是关于澳大利亚国内的政治斗争，与读者观点联系并不密切。随着时间的推移，事件逐渐趋于平和，两国关系需要重新修复，最后的读者观点正是对于此次事件根本原因的反省，出现在最后显得较为合适。

从上述分析可见，《澳大利亚人报》的新闻报道对其读者观点确实存在影响，读者观点会随新闻报道重点的转移而发生变化。发生最大转变的第三次读者来信前，报道谈到的西方文化价值观，对读者观点产生较大影响，直接导致读者观点从最初关注澳大利亚政府的做法变成指责中国政府的态度。之后，中国基本失去读者群体的理解和支持。后续报道亦未能对中国的态度作出合理解释，尽管在传达事态或情绪时，措辞稍有缓和，但民众既成的看法没有转变，局面对中国不利。

（二）《澳大利亚金融评论报》："力拓案"

在对《澳大利亚金融评论报》中的中国国家形象和新闻框架进行研究时，"力拓案"是代表案例，要了解该报新闻报道与读者观点的联系，此案也是最佳选择。

涉及"力拓案"的读者来信共有六封，整理其观点，可得图6.7：

图6.7中读者来信的时间相当集中，几乎所有的来信都集中于一周之内，只有最后一封信刊登于"力拓案"宣判前不久。

除了第三封来信，其他信中所表达的观点基本可以分为两类：第一类认为澳大利亚应该采取谨慎、克制、理解的态度来处理这一事件，不能干涉中国的司法公正；第二类则对中国的司法制度表示失望，认为中国侵犯了胡士泰等人的基本权利。

7月14日
- China is a totalitarin economic and military giant, with a fiercely nationalistic population and a leadership answerable to no one.
- The only course open to Australia is a measured, reasoned response, conducted through discreet diplomacy.
- 中国是一个极权的经济军事大国，其人民国家主义情绪强烈，领导无需向任何人负责。
- 向澳大利亚开放的仅仅是通过考虑周全的外交渠道传递的谨慎而深思熟虑的回答。

7月15日
- It seems churlish and hypocritical to now complain when the same conditions are applied by China in the Rio Tinto derention case involving Stern Hu.
- Resolution will require amore practical acceptance and understanding of the sovereign processes of the Chinese government rather than froth-at-the-mouth hypocritical grandstanding.
- 当中国在力拓案中采用同样方法时来抱怨，显得小气而虚伪。
- 解决方案需要更多的对中国政府主权程序的接受与理解，而不是嘴上说说的虚伪的作秀。

7月15日
- The intense pressures on ethnic Chinese negotiators to bend on matters of national interest cannot be overestimated.
- 华裔谈判代表在关系国家利益的事情上被要求让步所承受的巨大压力不可能高估。

7月16日
- We cannot point the finger at China regarding violation of human rights with the jailing of Rio Tinto executive Stern Hu.
- I would be surprised if our Prime Minister can be successful in speeding up Hu's case so that the truth about the alleged industrial sabotage can be clarified.
- 在关押力拓经理胡士泰一事上我们不能由于中国违反人权而指手划脚。
- 如果我们的总理能加速胡士泰案的进程，将所谓商业破坏的真相搞清，我将十分惊喜。

7月21日
- The arrest without charge of Stern Hu and three Chinese colleagues from Rio Tinto's Shanghai office raises serious issues as to whether China has infringed their fundamental rights.
- It seems apparent that there has been a breach of article 9.2, which states: "Anyone who is arrested shall be informed, at the time of his arrest, of the reasons for his arrest and shall be promptly informed of any charges against him."
- 未经起诉而逮捕胡士泰和力拓的其他三位员工的情况提出了一个严重的问题，即，中国是否侵犯了他们的基本权利。
- 这很明显违反了条款9.2的规定"任何人在被逮捕时应被告知被捕原因，并立即告知针对他的起诉。"

3月24日
- But to recognise that a foreign country has a legal system different from one's own is not the same as to respect that system.
- Australians have a right to criticise China's legal system as it is applied to an Australian.
- How can one respect a legal system (Chinese of otherwise) in which: A person is arrested, kept in jail and denied access to his family until his trial (Stern Hu was arrested in July 2009 and has been kept in jail ever since).
- 但是承认他国的司法系统与本国不同，不等于尊重这一系统。
- 澳大利亚有权批评中国用其司法系统对待一个澳大利亚人。
- 怎么能尊重这样一个司法系统（中国人或其他人）：一个人被逮捕，被关押，在审判前不允许与家人联系（胡士泰2009年7月被捕并关押至今）。

图 6.7 《澳大利亚金融评论报》关于"力拓案"读者观点变化
资料来源：根据 Factiva 数据库所供数据整理绘制而成。

第六章 澳大利亚民众眼里的中国国家形象

这种变化的转折点出现在7月16日,16日前为第一类观点,16日这天第一次出现了关于侵犯人权的言论,但当时的态度比较克制,到21日读者观点彻底转变。

为了探寻这种观点变化的源头,对21日之前的新闻报道作一个梳理。这一期间,可得"力拓案"相关报道54篇,其中,虽然没有整篇评论中国制度的报道,但几乎每天都会有相关内容出现。对每篇报道截取主要的相关内容,按时间顺序排列,得到表6.8:

表6.8 《澳大利亚金融评论报》在2009年7月21日前
关于"力拓案"就中国制度发表的观点

日　　期	主要观点
7月10日	1. Consular officials are expected to meet Mr Hu later today although under China's legal system he will not be entitled to outline the case against him to anyone other than his Chinese lawyer.(1. 领事官员今天晚些时候会见到胡士泰,但在中国的法律系统中,除了他的中国律师,胡不能谈论自己的案子。)
7月11日	1. Opposition Leader Malcolm Turnbull renewed his calls for Prime Minister Kevin Rudd to intervene and said Mr Hu had been denied his basic human rights by not being given access to his family, his employer or legal advice, which is consistent with Australia's consular agreement with China. (1. 反对党领袖Malcolm Turnbull重申他呼吁总理陆克文出面干预,并表示胡士泰不能与家人、雇主、法律顾问联系,侵犯了他的基本人权,这也与中澳两国的领事协议相悖。)
7月11日	2. Similarly Australians must be wary of the dangers of investing in a country with such an opaque and little-understood legal system.(2. 相似的,澳大利亚人必须意识到投资在一个法律系统如此不透明而难以理解的国家是危险的。) 3. Fears in Australia about China's legal system might still leave people concerned for Hu and the three Chinese nationals with him.(3. 澳大利亚对中国法律系统的恐惧可能会让人继续为胡士泰和其他三位中国员工担心。)

续表

日　　期	主要观点
7月13日	1. I've seen in the course of the week people who frankly should know better asserting and suggesting that somehow, magically, Mr Hu's case or Mr Hu's position can be dealt with other than in accordance with Chinese law. (1. 在一周的事情发展中,我发现那些应该对事件更了解的人都神奇地认为并建议,胡士泰的案子不应由中国法律处理。)
7月14日	1. Yet none of what has transpired should come as a shock because the Chinese government over two decades of market opening has refused to reform its legal system to provide for Western-style protections against such arbitrary state power. (1. 但任何已知的情况都不应让人吃惊,因为中国政府在超过二十年的市场开放中一直拒绝对司法系统进行改革,以提供针对专制国家权力的西方式保护。) 2. It has only very narrowly escaped going into partnership with a dictatorship that treats major international business negotiations as state secrets, arrests even senior and reputable business executives as spies and refuses them any legal redress. (2. 我们侥幸未与一个专政建立伙伴关系,他们认为重要的国际商务谈判是国家机密,将值得尊敬的高层商务人士作为间谍进行逮捕,还拒绝给予任何法律补偿。) 3. It is the regime's total politicisation and control of all aspects of even supposedly commercial economic relations and its disregard for due legal process and for independent judicial determination of charges and disputes. (3. 这一政权的完全政治化和控制深入到理应是商业化的经济关系中,它无视应有的法律程序,无视起诉与辩论的独立司法决定。) 4. It is a wake-up call for all those who desperately want to believe that China is now a market economy; that its economic growth has shown you don't need private property protections, a free press, basic civil rights or the rule of law in order for a market economy to prosper. (4. 对所有想相信中国现在是市场经济,相信中国的经济发展表明我们不需要私人财产保护、自由媒体、基本民事权利或保证市场经济繁荣的法律的那些人来说,这是一个警示。)

续表

日　　期	主要观点
7月14日	5. Since 1989, Chinese democrats, journalists, scholars, religious practitioners, environmental activists, human rights lawyers, labour rights activists and even those concerned about national disasters or research into HIV or SARS have been harassed, detained and silenced. For the sake of sound business and diplomatic relations, the Communist Party's secrecy, its arbitrariness, its contempt for law and civil rights, must change.(5. 1989年以来,中国民主人士,记者、学者,宗教活动人士,环保活动家,人权律师,劳务权利律师,甚至是那些关心国家灾难或进行艾滋病、SARS研究的人都被骚扰、拘留、禁言。为了良好的商务和外交关系,共产党的保密作风、专制以及对法律、民权的轻视都必须改变。) 6. Hu, a respected senior executive, represented a major company dealing in iron ore, a crucial raw material. His incarceration without charge and without legal rights appears to be fully backed by China's top leaders.(6. 胡士泰是一位受人尊敬的高管,代表一家大公司处理一种原料——铁矿石的贸易。他未被起诉而被监禁一事看起来受到中国高层领导的全权支持。)
7月15日	1. In Wuhan, where he met a senior Chinese steel industry official, Trade Minister Simon Crean said: "We continue to make calls for legal representation for Mr Hu and continue to urge the Chinese government to provide more details of the investigation. We are dealing with speculation now and we are pushing to get facts."(1. 在武汉,贸易部长Simon Crean会见了一位中国钢铁行业的高层官员,他说:"我们将继续呼吁为胡先生找法律代表,会继续督促中国政府提供更多的调查细节。目前我们面对的是推测,我们将尽快查明真相。")
7月16日	1. Third, there is the recurring belief that Australia's views should prevail in a developing neighbouring country just because we have managed to develop better legal, governance and human-rights systems at home.(1. 第三,仅仅是因为我们在国内建立了更好的法律、监管和人权体系,就有人认为澳大利亚的观点应该被我们发展中的领国接受。)

续表

日期	主要观点
7月17日	1. As much as we might be offended by such a denial of justice, fairness, human rights—or whatever way you might like to characterise it—and no matter how hard we might try(as we should) to push the Chinese to adopt more acceptable Western standards, these are the rules of engagement with China, and you'll never convince me Rio didn't know this.(1. 由于否定了正义、公正、人权或是其他任何你所认为的东西,我们感到被冒犯了,无论我们多么努力地推动中国采用更多可被接受的西方标准,与中国的交往仍存在规则,你不可能说服我力拓不清楚这一点。)
7月18日	1. But no matter how popular Rudd is in China, no one believes he can swing the release of Hu quickly, given the seriousness of the charges Beijing has levelled and the fierceness with which countries defend their sovereign legal systems, however flawed they might appear.(1. 考虑到中国政府起诉罪名的严重性,以及一个国家守护本国司法主权的严正性,尽管这一系统不完美,不管陆克文在中国如何受欢迎,也没有人相信他能很快促成胡士泰的释放。)
7月20日	1. "It is now 14 days since Mr Hu was arrested and detained without charge, without access to legal representation, and the Australian government is none the wiser," she told Ten Network yesterday.(1. "胡士泰被捕并不经指控被拘押已经14天了,他不能与法律代表联系,而澳大利亚政府仍是糊里糊涂",她昨天对十号电视网说。) 2. The government is right to press for more information about any citizen detained abroad.(2. 政府施压以获取更多任何在国外被拘押的公民的信息,这一做法是正确的。)

资料来源:根据Factiva数据库所供数据整理而成。

这一时期的报道虽仍有"不能干涉中国司法公正"的内容,但数量有限,而关于"胡士泰等人未能享受其基本权利""中国政府不提供案件信息"或"中国的司法制度不合理"的内容几乎每天都出现,极有可能导致了读者观点的变化。尽管16日—21日出现的观点转变并不能完全排除其他因素的影响,但由于重复出现的信息有让读者印象深刻的效果,很可能形成观点转变的基础。新闻报道对读者观点的影响在此体现。

四、新闻报道与《致编者信》中中国国家形象的比较

新闻报道和《致编者信》中所塑造的中国国家形象相似度非常高。

首先,中国强大。两者不约而同地对中国已具有的实力表示认可,同时也认为未来中国的发展不可限量。

其次,中国管理制度不合理。澳媒与澳读者在不完全了解事件前因后果的情况下,片面地认为中国在处理民族宗教和经济贸易事务上采取高压的手段,剥夺少数民族的人权,扰乱市场经济的秩序。

第三,中国难以沟通。澳媒和澳读者对"力拓案"的发生毫无心理准备,在原因分析时,将主要责任归于中国,错误地认为中国有借"力拓案"以达到其他目的的嫌疑,故意利用本国司法制度使澳大利亚方面难以获得相关信息;而在新疆或西藏问题上,他们罔顾流血事件对无辜群众的伤害,一厢情愿地认定,中国政府应和热比娅等人进行对话谈判,来解决冲突,不应单方面采取各种措施不顾人权压迫对方。

第四,虽是不同的领域,但都有中国获得部分理解的主题,比如在政治安全方面,"中国威胁论"并没有完全成为澳大利亚社会的主流观点;而在"气候变化"问题上,也有观点为中国鸣不平,可见中国在国际社会上收获的并不完全是否定的观点。

除了这些相似点,通过对两者的比较,可以证明新闻报道会对读者的观点产生影响,有引导民众想法的作用。进一步证明了媒体在构建国家形象上的重要作用。要改善中国的国家形象,就

必须重视媒体的宣传,特别是新闻媒体。在每一个大事件发生时,政府需要作出及时恰当的反应,这不仅是对国内民众负责,也是向国外媒体和民众展示一种态度,循序渐进地从根本上对新闻报道的框架产生影响,以改善中国国家形象。

第四节 民调中的中国国家形象

不管是新闻报道中的还是《致编者信》中的中国国家形象,都带有媒体的影子,新闻报道是媒体发表的,《致编者信》虽是读者的观点,却是由媒体筛选后刊登。它们是否能真正代表普通民众的看法?要验证这一问题,民意调查是一个比较有效的参数。

一、关于洛伊民调

民意调查,又称舆论调查,是用于了解公众舆论倾向的一种社会调查。这类调查通过运用科学的调查与统计方法,尽可能真实地对一定范围内的民众对某个或某些社会问题的态度倾向进行反馈。民意调查于 20 世纪初,在美国诞生,其后在全球范围内获得迅速发展,在政治、经济及社会管理等各领域均发挥着重要作用。

由于需要了解的是澳大利亚民众眼中的中国国家形象,因此选择澳大利亚著名的洛伊民调为对比标准。洛伊民调是洛伊国际政策研究所的一个项目。该研究所由犹太裔澳大利亚商人弗兰克·洛伊(Frank Lowy)于 2003 年 4 月成立,是澳大利亚影响较大的民间外交事务和安全政策研究机构,下设:澳大利亚同整个世界、东亚、20 国集团研究中心、全球问题、国家安全、美拉尼西亚、民意测验、国际经济和西亚等八个项目组;另有四个课题研究组:麦克阿瑟基金会亚洲安全课题、核武器政策中心、印度观察和中国论坛。此外,还有两个比较有特色,且比较成功的项目:一是,从 2005 年开始每年都会对公众的国际事务看法作一系列调查,包括对中国、美国等主要国家同澳大利亚关系的看法等;二是它开设的一个叫做"解释者"(The Interpreter)的博客。

二、2007—2010 年洛伊民调的结果

2007 年 11 月—2010 年 6 月,陆克文任职总理,对 2007—2010 年的洛伊民调结果进行分析可以了解陆克文任职前后中国国家形象的变化,以构建这一期间澳大利亚民众眼中的中国国家形象。

(一) 2007 年民调结果

2007 年的洛伊民调于 2007 年 5 月 21 日—2007 年 6 月 2 日之间进行,正好在陆克文当选之前,调查中关于中国的情况主要有这几个方面:

1. 政治安全

澳大利亚民众最为担心的问题中,气候变化第一,占 55%;中国实力的增强排第九,仅为 19%,但若合并"最为担心"和"相当担心"的选项比例,则对中国实力表示担忧的比例增加到 47%,变化显著。

2. 经济贸易

澳大利亚与中国的自由贸易协定处于谈判阶段,38%的澳大利亚人对此持积极态度,少于对澳日自贸谈判表示期待的 47%;27%的澳大利亚人对此持消极态度,几乎是日本 15%的两倍。澳大利亚人对与中国的自由贸易协定期待度自 2005 年 2 月以来降温迅速,从当时的 51%下降到 2007 年的 38%。

澳大利亚人认为对澳大利亚最重要的经济体排序是中国、美国和日本,虽然比例差距不大,但 25 年后,美国的排名会下降到日本之后,成为第三大重要的经济体,而中国依旧占据第一位,且会拉开与日美两国的距离。

3. 受欢迎程度

澳大利亚人对中国的情感热度56度,位居第七,较2006年下降5度。约有25%的澳大利亚人对中国有积极印象。

(二) 2008年民调结果

1. 政治安全

将"中国发展成世界强国"看作是主要威胁的澳大利亚人从2006年的25%攀升到2008年的34%。

中澳关系在澳大利亚人眼中比澳大利亚与其他大国的关系更为积极,超过半数(52%)认为两国关系在改善。但奇怪的是,在对区域大国的信任调查中,中国排名殿后,仅有7%的人表示"非常相信中国","有些相信"中国的人数比例也从2006年的53%下降到40%,另有21%的人表示完全不相信中国是一个负责任的国家,这一比例较2006年上升了11%。

澳大利亚人完全意识到了中国的崛起,86%的澳大利亚人认为中国会成为亚洲强国,对此,他们的态度是矛盾的。62%的澳大利亚人认为中国的发展有利于澳大利亚,但同时,52%的人又认为澳大利亚应"联合其他国家来限制中国的影响力",60%的人认为中国"意欲控制亚洲"。如中国真的成为亚洲强国,会让59%的澳大利亚人觉得不舒服。中国的人权问题也让澳大利亚人头疼,62%的人认为澳大利亚在迫使中国改善人权问题上做得不够。

2. 经济贸易

2008年2月,中铝与美铝联合收购力拓12%的英国上市普通股股份已经引起洛伊的关注。在对外国国有公司是否能控股澳公司的问题上,民调显示,压倒性多数(90%)的澳大利亚人认为"政府有责任保证澳大利亚主要企业由澳控股",超过80%的人认为"外国国有企业在澳的投资更应受到监管"。而在外国国有企业收购澳大利亚公司的情况下,中国是最不受欢迎的国家,由近80%的澳大利亚人表示反对,如果是英国,这一比例仅为53%。

3. 受欢迎程度

澳大利亚人对中国的情感热度与2007年持平,仍为56度,排名第九。

(三) 2009年民调结果

1. 政治安全

对中国的信任度有所上升,表示相信或有些相信的人占59%。

95%的澳大利亚人相信中国"已经"或"将会"成为亚洲强国,这一比例较2008年上升了9%,但52%的澳大利亚人对此并不欢迎。面对中国的崛起,澳大利亚人态度有些矛盾,91%的澳大利亚人认为应与中国友好合作,但有约半数的人支持限制中国的影响力。

近半数的澳大利亚人相信"中国在未来20年内会对澳大利亚形成军事威胁"。认为"中国发展成世界强国"对澳大利亚来说是"主要威胁"的人数较2008年上升6%,达到40%,这一数字较2006年,上升了15%。

2. 经济贸易

63%的澳大利亚人认为中国是澳大利亚当前最重要的贸易伙伴。半数的澳大利亚人认为政府"已经允许过多的中国资本进入澳大利亚",仅有3%的人认为"中国对澳投资的数量还不够"。

3. 受欢迎程度

澳大利亚人对中国的情感热度较2008年下降了3度,为53度,仍排名第九。

(四) 2010年民调结果

1. 政治安全

对中澳关系的现状,46%的澳大利亚人认为有所改善,较2008年下降6%。大多数(73%)人认为中国的发展对澳大利亚有好处,比2008年提高10%,但同时,认为"中国想控制亚洲"的比例亦从2008年的60%上升到69%,55%的人同意"澳大利亚应联合其他国家限制中国的影响力",这一比例比 2008 年上升了 4%。在中国是否"在未来 20 年内会对澳大利亚形成军事威胁"的问题上,认为可能的人数比例上升到 46%。66%的人认为澳大利亚在"迫使中国改善人权问题上做得不够",这一比例较 2008 年上升了 4%。

2. 经济贸易

55%的澳大利亚人认为中国是当今领先的经济强国,排名第一,超过第二位美国的 32%。认为政府"已经允许过多的中国资本进入澳大利亚"的比例较 2009 年上升 7%,达到 57%;认为"中国对澳投资的数量还不够"的人数比例与 2009 年持平,仍为 3%;而认为"中国投资"恰到好处的比例有所下降,从 2009 年的 42%下降到 34%。

3. 受欢迎程度

澳大利亚人对中国的情感热度与 2009 年基本持平,为 54 度,但排名下降到第十四。

三、民调结果中的中国国家形象

从 2007—2010 年的洛伊民调结果来看,中国国家形象有一定的变化,见图 6.8。

从图 6.8 可以看到,澳大利亚民众对中国的看法有一定的矛盾性。既认为中国的发展对澳大利亚有利,又担心中国过于强大,会对澳大利亚形成威胁;既承认中国与澳大利亚的经济关系密不可分,澳大利亚从中受惠良多,又担心中国资本过多进入澳大利亚,会掌握对澳大利亚企业和自然资源的控制权;既认为中国会成为亚洲强国,又担心中国的目的在于对亚太地区的控制。基于这些观点所构建的中国国家形象也必然会对这种矛盾性有所体现。

第六章 澳大利亚民众眼里的中国国家形象

19%（2007） 34%（2008） 40%（2009） 46%（2010）
认为中国会是澳大利亚的威胁

50%（2009） 57%（2010）
认为政府已允许过多的中国资本进入澳大利亚

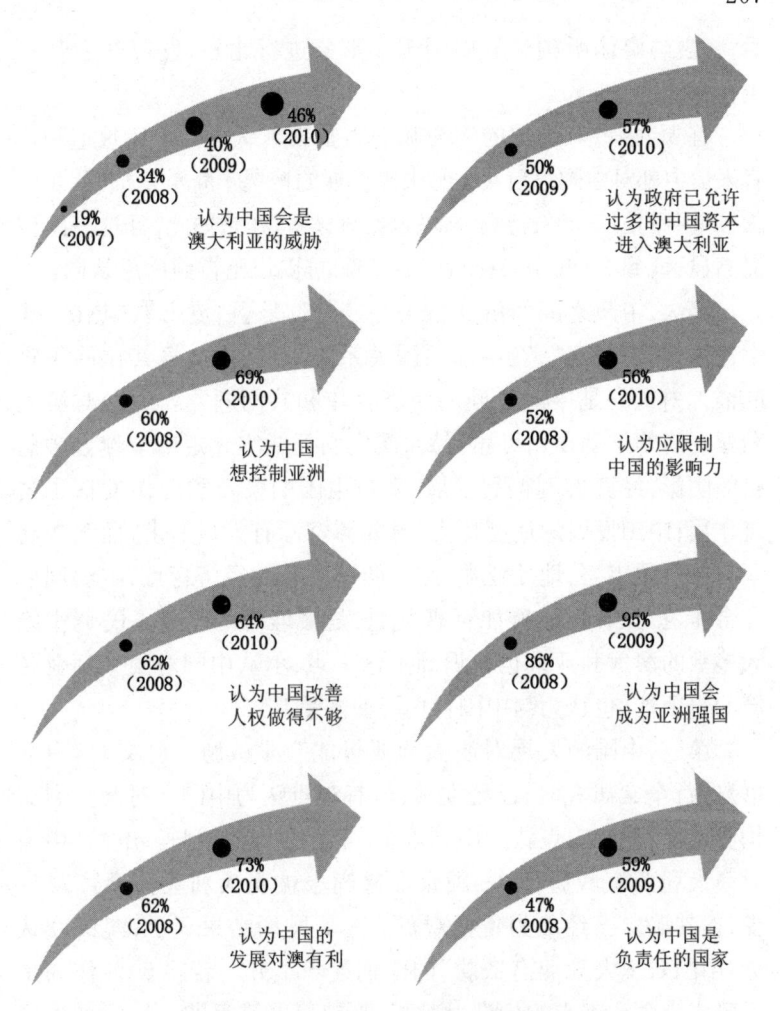

60%（2008） 69%（2010）
认为中国想控制亚洲

52%（2008） 56%（2010）
认为应限制中国的影响力

62%（2008） 64%（2010）
认为中国改善人权做得不够

86%（2008） 95%（2009）
认为中国会成为亚洲强国

62%（2008） 73%（2010）
认为中国的发展对澳有利

47%（2008） 59%（2009）
认为中国是负责任的国家

图 6.8 洛伊民调中的中国国家形象变化
资料来源：根据 2007—2010 年洛伊民调结果整理绘制而成。

第五节 媒体与民调中的中国国家形象比较

基于洛伊民调，对民调中所反映的中国国家形象进行构建后，将之与媒体所构建的中国国家形象进行比较，发现两者基本重合：

首先，两者对中国的实力和潜力都表示认可。媒体报道和读者来信中都对中国目前实力和未来发展的情况不断重复描写，是中国最重要的国家形象特点，从民调结果来看，亦是如此，且这一比例提高显著，到 2009 年，甚至达到 95%，可以说已得到广泛认同。

其次，中澳之间经济联系密切。无论是《白皮书》、"热比娅"事件还是"力拓案"，在中澳两国关系陷入低谷时，将其拉回正轨的最大力量就是中澳之间的经济合作和共同利益。中国对澳大利亚经济的推动作用毋庸置疑，澳大利亚能率先走出全球金融危机的阴影，经济再度得到发展，来自中国的投资和合作发挥了关键作用；中国发展的速度惊人，对能源资源有大量需求，而澳大利亚自然资源丰富，地处亚太，鉴于两国互补的经济特点，中澳间展开合作、扩大合作无疑能互惠互利，是最理想的结果。民调中绝大多数的澳大利亚人也认识到了这一点，承认中国对澳大利亚经济的重要性，也认为与中国合作能使澳受益。

第三，中国的发展对澳大利亚可能产生威胁。前文对《白皮书》进行个案研究时，已经发现，既有观点认为中国会对澳大利亚构成威胁，也有观点认为中国近 20 年不会构成威胁。虽然"中国对澳大利亚有威胁"这一国家形象尚未被澳大利亚社会广泛接受，但其确实已经成为重要观点之一。民调结果显示，澳民众认为"中国对澳大利亚有威胁"的比例逐年上升。若将 50% 作为是否已成为主流观点的标准，则这一形势已非常严峻。如中国未能积极采取有效的宣传措施，消除外媒和民众的担忧，中国的国家形象将进一步恶化，中国所期待的更友好宽松的国际环境亦不会实现。

第四，对待中国，需要警惕的态度。这是在政治安全、经济贸易等多方面中国国家形象的一个重要部分。民调中无论是"限制

第六章　澳大利亚民众眼里的中国国家形象

中国的影响力"还是"已经允许过多的中国资本进入澳大利亚"的观点都以这一形象为基础。在媒体报道和读者来信中,这也属于固定重复的内容。上文对经济贸易领域的中国国家形象进行构建时,曾对新闻报道主要观点进行总结,其中就包括"因中国资本大量进入澳大利亚而担心澳大利亚的企业或资源被中国控制,进而要求政府采取措施,制定相关法规,严格监管"这样的观点,认为应采取警惕的态度。在其他个案上亦无例外。

第五,中国的人权问题受指责。这是中国外交上一直没有很好解决的问题,即如何在人权问题上与西方国家进行沟通。从对澳大利亚媒体的研究看,这一尴尬的现状没有改善。民调结果显示,对此表示不满的人数比例超过60%,且呈增长趋势;前述的个案分析中,"热比娅"事件初期并没有引起澳大利亚媒体关注,作为起因的"新疆7·5事件"也是因与"人权问题"相联系才引起讨论;"力拓案"中有对中国的司法行动表示支持的观点,但在案件审理过程和胡士泰等人所受的待遇上,却被澳大利亚媒体批评侵犯了当事人的基本权利。

综上所述,民调与媒体中中国国家形象的高度重叠既证明了构建媒体中的国家形象基本可以准确地反映民众心目中的国家形象,也证实了媒体在构建国家形象时的重要作用。

第六节　本章小结

本章内容较为丰富,既包括了《致编者信》中国家形象的构建与比较,又以民调结果为参照,对上文所构建的国家形象的准确性和普适性进行了考察。

为使所构建的中国国家形象更为丰满可信,首先,针对两报中《致编者信》栏目进行分析,了解澳大利亚媒体所刊登的读者观点。对《澳大利亚人报》的读者来信从"读者关心的问题""读者的态度"两个方面分别对三个热门话题"气候变化""中国人权"和"陆克文与中国"中的观点进行整理,得到澳读者眼中的中国国家形象,包括四个方面:第一,完全认同中国实力强大、发展迅速;第二,片面认为中国少数民族管理制度不合理;第三,质疑中国在国际事务中不愿承担责任;第四,怀疑中国与陆克文总理关系过密。总体来说,负面形象大于正面形象,中国国家形象有待改善。

接着,对《澳大利亚金融评论报》的读者来信根据"并列出现的国家""信件内容"两个方面对"气候变化"和"经济发展"两个主题进行综合分析,得到一个实力强、发展快、潜力大的总体形象。在具体问题上,这一形象被进一步细化:在"气候变化"问题上,认为中国未能积极主动地承担国际责任;在经济贸易领域内,抱怨中国内外有别,设置层层障碍以对内保护,强势对外合作以为本国牟利,质疑中国现行的经济制度。

然后,以"气候变化"和"中国投资"为关键词,将两份报纸中读者来信的相关看法进行比较,发现其中的观点及所构建的中国国家形象高度重合,表明分析所得的中国形象不是个别的,而是澳大利亚民众的普遍看法。

继而,对新闻报道的内容与《致编者信》中的读者观点进行互动分析,发现媒体的新闻报道对读者的观点影响深刻。既证明了新闻报道与读者观点所构建的国家形象确实可能高度一致,也进一步证明了新闻媒体在国家形象构建中的重要作用。

最后,将媒体与民调中的中国国家形象进行比较。同样看到两者高度重合。这说明,第一,上文根据读者观点所构建的国家形象具有代表性,而不是因受媒体控制所构建的"特定形象";第二,媒体对民众观点的影响巨大。因此,如何与外媒沟通,如何利用外媒为中国做好宣传,是在改善中国国家形象问题上至关重要的一个环节。

第七章

结　　语

本文是针对陆克文执政期间澳大利亚主流报纸中的中国形象进行的研究,选择澳大利亚主流报纸《澳大利亚人报》和《澳大利亚金融评论报》为样本库,对这一期间两报的涉华报道进行了总体情况分析,针对具体事件进行个案研究,并对媒体塑造的与民众认可的中国国家形象进行了对比分析。笔者不仅梳理了国内外涉华报道的研究现状,还在这一基础上,对某一事件相关报道所构建的中国国家形象及所采用的新闻框架进行了归纳和思考。

针对开始提出的四个问题,可获得相关结论。

第一,澳大利亚社会中的中国国家形象建构将深刻影响中澳关系的发展,则在澳大利亚,中国国家形象是如何展现的?

澳大利亚社会中的中国国家形象实力强大而发展迅速,但由于中国的崛起速度过快,澳大利亚社会并未做好相应准备而导致忧虑情绪的产生,目前中国的总体形象存在较多的负面情况,有待改善。

第二,新闻媒体是构建大众社会认知的重要途径,澳大利亚的主流报纸在构建中国国家形象时采用何种角度和态度?

澳大利亚的主流报纸在构建中国国家形象时,均受到传统偏见和片面信息的影响,所采用的框架存在偏颇,不利于中国国家形象的构建,造成中国负面形象大于正面形象的现状,中国方面应尽快采取有针对性的有效措施以改变目前的不利局面。

第三,澳大利亚媒体市场竞争激烈,作为本文主要研究对象的《澳大利亚人报》和《澳大利亚金融评论报》分属不同利益集团,它们在中国国家形象构建上有何相似相异?

《澳大利亚人报》和《澳大利亚金融评论报》分属不同的利益集团,虽然在对澳政府的评价和态度上观点有差异,但在中国国家形象构建方面一致度较高,反映了政党轮替在对华政策上不会有关键性作用的现实,要求中国不能寄希望于一人一党,而应与对方国家展开全面的交流和对话,增进理解。

第四,媒体报道的数量巨大,采用何种理论方法才能对媒体中国家形象的构建予以有效解读?

本研究所采用的框架理论和互文理论在对媒体中国家形象的分析上获得良好的效果,可以较为有效地构建国家形象,探析新闻框架,同时,亦能对新闻篇章间以及新闻篇章与读者观点间的互动关系进行有效探索。

作为结语,笔者将继续从研究总结、创新与不足、可能的研究方向等三个方面对本文进行最后的思考与总结。

第一节 研究总结

一、中国国家形象的总结

首先,通过对《澳大利亚人报》和《澳大利亚金融评论报》的综合对比,《澳大利亚人报》在政治安全、民族宗教领域代表性事件的涉华报道分析,《澳大利亚金融评论报》在经济贸易领域代表性事件的涉华报道分析,《致编者信》中读者群体所发表的观点整理以及洛伊民调数年调查结果的梳理,在政治安全、民族宗教和经济贸易领域分别构建中国国家形象。

第七章 结　语

陆克文执政期间,澳大利亚主流报纸塑造的中国国家形象不佳,中澳关系屡受考验。陆克文是一个懂汉语、对中国文化造诣颇深的人,又有研究中国的经验和在中国居住的经历,但这种看似能较易取得互相信任、互相理解的基础,却未能让两国建立更密切的合作,实现更健康的外交。这一局面的造成两国都有原因可探。

澳大利亚是一个多党执政的国家,在两党博弈的政治格局下,反对党会抓住一切可能的机会对执政党进行攻击。陆克文上台以来的"知华"形象在处理中国事务时却给他带来不小的麻烦。反对党不断指责他对中国的态度过于软弱,质疑他与中国政府沟通的能力,攻击他在中澳关系中的立场。陆克文的汉语能力不但未能对他的执政有所助力,反而成了他被攻击的"靶子"。这对媒体和大众的舆论导向非常不利。

同时,由于中国的崛起非常迅速,导致很多国家虽然承认中国的崛起,但并未真正做好准备,澳大利亚就是如此。"力拓案"会引发如此广泛的关注,除了事件本身的重要性和澳国内两党博弈的影响外,澳大利亚对中国的外交经验不足亦是一个原因。澳大利亚几乎独占一片大洲,周围无大国为邻,且长期与英国、美国结盟的政策使其很少独立处理与一个大国的关系。但中国在亚太地区的影响力不断上升,加上中澳两国在经贸领域互补的密切联系,迫使澳大利亚必须调整对中国的外交政策和态度,尽快做好心理准备,独立面对一个快速崛起的新兴大国,并与之建立成熟稳定的关系。若澳大利亚不能适应这一角色的变化,则对两国关系的未来发展会带来不利。

通过对澳大利亚主流报纸的研究发现,在中澳这段坎坷的关系中,中国亦有思虑不周的方面。陆克文上台后,中国看到了一个发展契机,认为一个"懂中国"的总理一定会带来不一样的国际环境,却未曾考虑到,这个"总理"虽"知华",却并不"亲华"。陆克文是一国领导人,他必须先考虑澳大利亚的本国利益,且执政中时时受国内反对势力和媒体舆论的制约。澳大利亚的政治体制决定了作为总理的陆克文必须考虑国家大局,党派博弈,以及澳大利亚民众的想法和感受。如有不慎,就会遭到反对,对自己的执政造成伤害。

在"第一个会说中文的西方国家领导人"诞生时,由于两国合作的巨大利益,中国急于推动两国关系的发展,而对以上问题重视不足,更没有想到应提前或同时做好国家形象的宣传建设工作。于是,在推进过程中,遇到一些阻碍。中国军事实力的迅速崛起和广阔前景,引起部分澳媒的担忧,"中国可能对澳大利亚形成威胁"的观点频见报端,担心"中国威胁"的澳民众比例有所上升;"力拓案"中两国博弈,中国的强硬态度让澳大利亚措手不及,澳媒未能完全摆正态度客观对待,而选择将中国方面可能存在的不足无限放大,集中攻击,使中国在澳的经济形象颇为尴尬;中国的少数民族管理由于西方国家长期存在的偏见,其新闻框架本身就已有失偏颇,在对待"热比娅"事件时,情况没有改善,使中国在民族宗教领域的形象被澳媒体和民众所诟病。在这些事件中,来自中国方面或为中国进行说明和解释的观点未能在澳大利亚媒体或民众中得到有效传递,亦未能对上述中国国家形象中存在的片面、不客观的问题起到修正作用。

另一方面,由于中国和澳大利亚强烈的经济互补性和在亚太地区的共同利益,中国巨大的市场以及日益强大的实力和无限潜力,尽管在一些方面两国有分歧有摩擦,但在未构成本质危害的情况下,双方最终会选择互相协调互相妥协,回到正常的邦交轨道,继续寻求共同的发展。

虽然目前两国的合作已非常密切,尤其是经济贸易领域的互相依赖度较高,但若能通过加强媒体交流与合作,利用澳大利亚媒体改善澳大利亚社会中的中国国家形象,并在此基础上深入合作,则双方的关系必然会更进一步,使两国在更大的舞台、更多的领域收获更大的利益。

本研究在构建中国国家形象时,以澳大利亚两大主流报纸《澳大利亚人报》和《澳大利亚金融评论报》的新闻报道为主,辅以《致编者信》和洛伊民调的相关内容,从这三方面入手,较为全面地分别构建了新闻报道、读者观点以及洛伊民调中的中国国家形象,见表7.1:

表7.1 基于《澳大利亚人报》《澳大利亚金融评论报》的新闻报道、读者观点与洛伊民调三方面的信息所构建的中国国家形象

新闻报道		读者观点		洛伊民调
《白皮书》（《澳大利亚人报》）	1. 实力强,发展快 2. 恐有野心,控制欲强 3. 解释乏力	气候变化（两报）	1. 实力强,发展快 2. 排碳大国 3. 不愿积极承担责任 4. 实际国情有困难	1. 实力强,发展快 2. 恐有野心,控制欲强 3. 存在人权问题 4. 中澳经济关系密切 5. 中国对澳经济影响大 6. 对中国应予以限制
热比娅（《澳大利亚人报》）	1. 强势 2. 顽固而难以沟通 3. 现实	中国人权（《澳大利亚人报》）	1. 存在人权问题 2. 顽固而不愿改变 3. 强势	
力拓案（《澳大利亚金融评论报》）	1. 能源需求和消耗大国 2. 中澳经济关系密切 3. 恐有野心,控制欲强 4. 与总理可能有特殊关系 5. 中国经济政策不合理	陆克文与中国（《澳大利亚人报》）	1. 与总理可能有特殊关系	
		中国投资（两报）	1. 中澳经济关系密切 2. 在澳投资可能产生威胁 3. 中国经济政策不合理	

从三个角度出发，分别构建的中国国家形象相似度较高，三者互相印证，证明媒体报道对塑造国家形象的重要性。在今后的对外宣传中，中国应选择合适的角度，如在"气候变化"方面，部分澳大利亚民众对中国表达了理解的态度，这是基于中国的实际国情和发达国家大量碳排放的历史所作的判断，则在这个问题上，可以从国家的实际情况出发寻求理解；又如在"力拓案"上，事件发生初期，澳大利亚媒体的观点中有部分认为不应对中国的司法行动予以干预，但后期由于媒体报道角度的变化，对中国的非议不断增加，则在这一事件上，可以积极与外媒沟通避免误解。若能利用好外国媒体来传递中国的观点，则可能构建更健康和谐的中国国家形象，引导局势朝有利于中国的方向发展，进而影响外国民众的观点看法，甚至外国政府的判断决策，这对中国今后的发展意义重大。

另外，这一时期跌宕起伏的中澳关系带来颇多启示：国家形象的建设是一项任重而道远的工作。在像澳大利亚这样多党执政的国家，虽然党派之间可能存在分歧，但国家利益至上是基本原则，这也是一个政党能被选民认可的基础。《澳大利亚人报》与《澳大利亚金融评论报》分属不同的利益集团，虽然报道中存在观点的差异，但在对外态度上却表现出高度一致。政党轮替对两国关系的影响有限，不可能有质的差异。因此，在处理两国关系时，应关注的不是哪个政党执政或哪个领导人当选，而应与整个社会展开对话，寻求最广泛的理解与支持。这项工作需要不断地累积，不可操之过急。应以媒体为介，加强交流，加深互相之间的了解，消除怀疑误会。政府则应做好引导和协助的工作，关切合作动态，指引合作方向，同时做好政策配合。只有这样，才能进一步扩展中国的海外影响力，全面、持久、高效地改善中国的国家形象，以避免陆克文执政期间两国关系所遭遇的尴尬。

在当今的国际社会中,"国家形象"显得特别重要,建立良好的国家形象,会对增强该国的国际影响力产生极大影响。在外交舞台上,国家形象已成为谋求国家战略利益的重要手段,是各国政府努力构建的目标。对国家形象的损害,会对国家发展造成非常不利的影响,这也是学者们对国家形象建设问题积极探索不断研究的根源。

陆克文时期的中国国家形象虽然只是一段历史,但历史是最好的课堂,只有不断从历史中学习,汲取经验,才能成就更好的自己,创造更好的未来。现在中国的"一带一路""亚投行"等多个对国际社会产生震动,引人注目的大工程大项目正在展开。这就对中国国家形象的建设提出了更高、更迫切的要求。要建设好国家形象,不仅要多宣传,也应多了解外国媒体、外国民众眼中的中国。只有这样,才能对症下药,影响媒体报道的新闻框架,事半功倍地改善中国国家形象,为中国在未来的发展创造更友好更有利的国际环境,这也是本文研究的目的所在。

二、新闻框架的总结

本研究对新闻报道中的中国国家形象进行分析,也对用以塑造国家形象的新闻框架进行了构建,见表7.2:

表 7.2 《澳大利亚人报》《澳大利亚金融评论报》用以构建中国国家形象的新闻框架

《白皮书》	框架一:强大的中国	中国军备实力强大
	框架二:发展的中国	中国发展迅速
	框架三:澳大利亚的态度	积极:欢迎期待 旁观:中国的影响扩大 消极:警惕忧虑
	框架四:中国的态度	和平崛起

续表

"热比娅"	框架一:事件起因	中国的错误定位
	框架二:事件影响	中澳关系紧张
	框架三:事件后续	中澳关系进一步恶化
	框架四:事件结果	中澳关系缓和
"力拓案"	框架一:事件背景	前奏:中铝注资力拓告吹 现实:中澳铁矿石谈判僵持
	框架二:事件原因	澳方认为中方体制有问题 胡士泰等人确实犯罪
	框架三:事件评价	针对陆克文
	框架四:事件后续	中方:完善体制,继续合作 澳方:吸取教训,继续合作

新闻框架本身对观点的表达会产生影响。

《白皮书》新闻框架下,若能在框架四上有所加强,则对中国国家形象的改善意义重大,即中国需要以不同的形式,通过不同的渠道更多地传递"和平崛起"的观点和主张。

"热比娅"新闻框架下,若作为事件起因的框架一,其角度能有所调整,那么这条新闻就会发生质的变化,由于其基础是"中国的错误定位",因此,这一系列新闻必然会对中国形象有不利的影响。

"力拓案"新闻框架下,由于澳方心理准备不足,未能摆正位置,而将中方可能存在的问题无限放大,造成在澳大利亚民众看来,中国借题发挥,且本身体制问题重重。虽然中国在某些方面确实有待改善,但由于框架设置的角度有欠公允,中国冒着影响中澳关系而对违法活动进行的一次监管,却对中国国家形象产生了相当的负面影响。

当然,指出需要调整的框架部分是一件相对简单的工作,真正通过行动使新闻框架发生改变还需各方共同努力,非一朝一夕能够完成。

三、中国国家形象所产生影响的总结

在陆克文担任澳大利亚总理之前,中澳两国的关系相对比较平稳;陆克文大选成功后,中澳两国都期待能开启一段双边关系的新时代;但在其执政后,陆克文批评西藏问题,在《白皮书》中将中国列为威胁,给热比娅发放签证,再加上两国铁矿石合作上的利益冲突以及"力拓案"的发生,使中澳关系急剧下跌;两国不得不重新审视互相之间的关系,澳媒体将两国关系交恶的根本原因归结为陆克文缺乏清晰的对华政策,陆克文的"中国通"背景使其饱受质疑,在中国问题上面临巨大压力,他摇摆不定的态度亦使两国关系包含某种不确定性,而让中澳媒体和民众忧心。

这一时期的中澳经贸关系虽然历经重重考验,但却不断推进,高度互补的经贸关系经过多年的发展,已成为中澳关系的基石,以及两国关系未来发展的主线。中国庞大的市场和对资源的巨大需求,促进了澳大利亚经济的发展,中澳双方互相依存。政治上的对立与冲突并没有对两国的经贸合作产生根本性打击,经过一系列的互相试探和互相调整,两国对各自的政治和经济立场重新达成了妥协。

陆克文之后的中澳关系似乎延续了这一态势,两国继续保持着经贸领域的密切合作,但在政治问题上依然存在分歧。中澳双方除了经贸关系,还应尝试加强其他渠道的合作,拓宽合作领域,这是两国未来所面临的一个课题,亦是两国交往的必经之路。

第二节 创 新 与 不 足

一、创新之处

本文的创新之处主要有以下四个方面:

第一,实现了对澳大利亚主流报纸中中国国家形象的详细描写。文献综述部分在对现有研究成果梳理时已经发现,针对澳大利亚媒体的中国国家形象研究几乎是空白。中澳两国同处亚太地区,在各个方面联系都很密切,从目前的趋势看,这种合作还会继续发展。本文填补了这一空白,丰富了中国国家形象研究的内容,总结了澳大利亚主流报纸所描述传达的以及澳大利亚民众所接受认可的中国国家形象。

第二,实现了较长时间、特定时间段内的国家形象研究。本文的研究覆盖时间范围长达两年半,较国内一般的研究时间更长,且由于这个时间段具有特殊意义,较国内一般对某一年的国家形象研究更具有借鉴意义。"中国通"总理陆克文任职期间的国家形象研究,是在特定条件下进行的研究。在有利条件下而不能行有效之事,这对今后的国家形象构建之路具有深刻的警示意义,也是一般研究所不具备的。

第三,在研究理论和方法上有创新。框架理论和互文理论的结合使用在研究中取得良好的效果。其中,框架理论用于新闻报道的分析,利用这一理论构建了特定事件的新闻框架,是对中国国家形象的二次总结和描述;互文理论用于探讨新闻篇章间、新闻报道与读者观点间的互动关系,拓展了研究视野,这两者的综合运用是笔者在研究方法上的新尝试,以求获得更生动鲜明的中国国家形象,使研究结果更准确可靠。同时,灵活运用文献研究、内容分析、案例分析、比较分析等研究方法,这些方法虽不是新方法,但将它们综合使用也是本文的特点。

第四,本文在专注国家形象研究的同时,并没有局限于此,而是注意扩大视野,尝试在特殊的时代背景下对其形成的原因做了分析和探索,增强了研究的实用性和现实意义,使现有的研究成果得到进一步的延伸与深入。同时,政治安全关系、经济贸易关系、个人因素等均被纳入本文的研究范畴,也更好地完善了研究的全面性。

二、不足之处

本文在研究的过程中也存在一些不足和缺憾，主要体现在以下几个方面：

第一，样本数量不足。本文主要以2007年11月24日—2010年6月24日两年半时间内，《澳大利亚人报》和《澳大利亚金融评论报》上所有的涉华报道为研究样本，但由于样本数量过于庞大，为了便于研究，笔者将这些涉华报道根据类别与涉及个案进行划分，比如在研究政治安全领域的中国国家形象时，只针对《白皮书》的相关报道进行研究。因此，在实际研究的过程中，真正涉及的样本仅是其中的一部分，这可能在一定程度上会对研究结果的准确性产生影响。

第二，研究方法有所重叠。在上文的创新之处中，对研究方法的综合使用被列为是本研究的一个特征。需要进一步指出的是，本研究虽涉及多个主题的报道，包括政治安全、民族宗教、经济贸易还有读者来信等，但在实际研究的过程中，无法避免地出现了研究方法的重叠，比如对标题的分析、对图片的分析等，这些研究方法的重复使用，在一定程度上导致本文研究方法多样性的不足，但似乎又无法避免。

第三，对电子数据库的过分依赖。本研究的文本样本都是从Factiva电子数据库中获取，并在研究中还使用了该数据库的一些统计分析功能。虽然数据库的使用对研究有很大的帮助，减少了大量纸质材料的准备，也使样本能跨越时间和空间。但不可否认，电子数据库与纸质版本总会有所偏差，在阅读感觉和阅读习惯上，多有不同，比如数据库的新闻无法直观地在版面分布上展现新闻所占的版面比例。这种感官上的偏差对于研究结果是否会有影响，有多大影响，目前尚未可知。这种不确定性也是本研究的一大不足。

第四,本文虽有效构建了多个重要领域内的中国国家形象,但对接受者的研究相对有限。对媒体报道来说,最重要的就是要产生效果,那么必不可少的要素有两个:一个是"说",即把新闻说出来;另一个是"听",即接受者的接受情况。虽然本研究对《致编者信》和洛伊民调作了研究,但由于《致编者信》是由报社选登的、数量有限的样本,而洛伊民调的调查内容与本文不完全一致,因此,对受众心理的研究效果有一定限制,这也就导致了本研究在完整性有所欠缺。如能真正加入关于新闻报道效果的调查数据或结果来支撑本研究,相信本文会更完善和全面,也能给相关研究者带来更多的启发。

第三节 可能的研究方向

本文的研究虽有所创新,但仍有许多不足,鉴于目前的研究现状,笔者认为,中国国家形象研究中应有这样几个可能的研究方向:

一、框架理论的进一步应用

框架理论的出现给学者们对于新闻传播学的研究开启了新的视角,陈阳通过对2001年1月—2004年5月六种主流英文传播学期刊论文检索发现,"自21世纪以来,出现频率最高、使用最广泛的理论是一个传播学经常碰到,然而其概念却相当模糊的理论——框架分析"(陈阳,2007:19)。但随着运用领域的拓展,框架理论的系统性依旧没有一个完整的结构。潘忠党评价说:"无论从哪个角度说,架构分析(framing analysis)都是一个理论混沌的研究领域。自从美国政治学家恩特曼将其概括为'破裂的范式'(fractured paradigm)之后,不少学者都试图整合文献,以提出一种'架构分析理论'。但是这些努力至今成效甚微,乃至最近有人说,架构分析其实是个多范式的研究课题,理论和方法上的多元是其应有的特征。"(潘忠党,2006:44)框架理论本身涉及多个学科,学者们的看法也是多种多样。正由于这种方法目前尚未能定性,框架理论的探讨和应用会成为未来研究中的重要方向。而这种讨论和研究也会为各种媒体中涉华报道的框架研究和中国国家形象研究奠定更为坚实的理论基础,并能发展更多的研究路径和方法,丰富涉华报道的框架研究和国家形象研究。

二、 注重媒体报道与读者解读的互动

在本文的缺憾与不足中,就包括对媒体报道与读者解读之间互动研究的不足。目前,国内外,尤其是国内在新闻报道的研究上都是静态描写有余,而动态论述不足,没有真正重视探索新闻报道与读者解读之间的互动关系。新闻报道对读者的实际影响基本停留在假设层面,缺乏相应的论证支持。这些目前尚未解决的问题将是今后进一步深入研究时,必须面对的,需要引起重视。

本文在研究时,已意识到了这个问题,因此,对《致编者信》和洛伊民调进行了分析,希望能对读者群体的理解反馈和新闻报道框架之间的联系进行探索,但读者反馈的信息来源有限。读者来信讨论的虽是当期热点,但仍是经过报社删选过滤的,不能算第一手资料,对于研究结果肯定会有所影响。尤其是当新闻报道所传递的信息和读者已有的观点有巨大差异时,会对读者的理解造成何种影响。目前国内外还缺乏这方面的实证研究,但这个问题的解决却对提高和预测宣传效果具有非常重要的意义,必然是今后研究的发展方向。

三、 提高样本的完整性和多样性

样本范围的确定和选择是在进行媒体报道研究时首要面对

的问题,本文选取 2007 年 11 月—2010 年 6 月期间《澳大利亚人报》和《澳大利亚金融评论报》上刊登的涉华报道作为研究样本。样本库看似庞大,但从上文的分析可以看到,这些样本在实际的研究中还是缺乏一定的完整性和多样性。要提高研究的"完整性"要求研究者不仅要重视某一个时间点的新闻报道,更要实现样本的跨年研究和跨媒体研究,从而总结出规律;而"多样性"则要求样本更为丰富,研究者需要收集不同媒介的涉华报道,除了纸质媒体,比如报纸等,还有广播、电视、网络等电子媒体和新媒体也应成为研究对象。

由于样本集中而容易采集,纸质媒体是国家形象研究的重点范围,但目前已有学者注意到这一研究范围的单一性。再加上现在新媒体越来越发达,上面传递的信息越来越多,越来越杂,对新媒体展开研究已有人作过尝试。在今后的研究中,更需找到合适的方法,将这方面的研究做得更好、更准确。同时,在研究国家形象时,跨国媒体研究也应得到重视,不仅需要关注同一国家中多种媒体的样本采集,还要关注不同国家间的同类媒体比较,甚至不同国家间多种媒体比较,在重视和完善样本多样性和完整性的前提下,将国家形象研究进一步深入下去。

四、 研究理论的发展

目前的研究所采用的理论,比如框架理论等都来自国外,有些理论还不够成熟。在利用这些理论进行中国国家形象研究时,必须考虑中国人对这些新闻报道,尤其是对那些负面报道的接受程度,不能拿来就用,而需要适合国人的社会心理。国家形象研究是比较特殊的研究,因为它不是单纯的国内课题或国外课题,而是在国际环境下进行的国内课题研究,必须具备国际和国内双重认识,研究要求较高。不仅要关注某一国际或国内事件的发生发展,如何被国外媒体报道,如何被国外社会认知,还需要关注这

第七章 结 语

一事件在国内引起的反响,以及国外报道对国内社会心理的影响,可谓需要同时兼顾时间、空间及互动关系。面对这样的研究背景和研究要求,更需要坚实的研究理论作为基础。因此,在今后的研究中,对研究理论的丰富和充实也必然是一个重要的发展方向。

本文对澳大利亚主流报纸中的中国国家形象进行了分领域的构建,对澳大利亚民众的观点进行了探索。虽然在样本选择、研究方法等方面有所创新,但依然存在一些不足和有待完善之处。国家形象研究还有很大的发展空间和多个重要的发展方向。本研究抛砖引玉,希望能对中国国家形象的建设提供可行而有效的意见和建议。笔者也将在今后的研究中不断进行探索尝试,为国家形象建设大业尽绵薄之力,以期中国能得到更多国家的理解和认可,拥有更友好、更和谐的国际环境。

参考文献

1. 陈文:《两广地区东南亚留学生眼中的中国国家形象》,《世界经济与政治》2012 年第 11 期,第 95—119、159 页。
2. 陈阳:《框架分析:一个亟待澄清的理论概念》,《国际新闻界》2007 年第 4 期,第 19—23 页。
3. 戴元光、邵静:《〈纽约时报〉涉华政治类报道研究》,《当代传播》2013 年第 3 期,第 4—9 页。
4. 杜雁芸:《美国政府对中国国家形象的认知》,北京:时事出版社 2013 年版。
5. 范红:《国家形象的多维塑造与传播策略》,《清华大学学报》(哲学社会科学版)2013 年第 2 期,第 141—152 页。
6. 甘险峰:《美国主流媒介文本中的中国形象变迁——基于普利策新闻奖获奖作品中中国题材的梳理》,《新闻大学》2010 年第 2 期,第 70—72 页。
7. 郭可、吴瑛:《世博会对提升中国国家形象的作用——基于多语种国际舆情的研究》,《外交评论》2010 年第 6 期,第 76—90 页。
8. [美]哈罗德·伊萨克斯:《西方视野里的中国形象·美国的中国形象》,于殿利、陆日宇译,北京:时事出版社 2006 年版。
9. 胡范铸、陈佳璇、甘莅豪、周萍:《"海量接受"下国家和机构形象修辞研究的方法设计——兼论构建"机构形象修辞学"和"实验修辞学"的可能》,《当代修辞学》2013年第4期,第1—9页。

10. 黄旦:《传者图像:新闻专业主义的建构与消解》,上海:复旦大学出版社2005年版。

11. 黄鹤舒:《新闻框架理论视角下的中国国家形象研究——以美国CNBC电视Inside China为例》,《西部广播电视》2013年第20期,第28—30页。

12. 黄惠萍:《媒介框架之预设判准效应与阅听人的政策评估——以核四案为例》,《新闻学研究》(中国台湾地区)2003年第77期,第67—105页。

13. 贾中山、朱婉君:《西班牙媒体三大报纸上的中国国家形象分析——以"十八大"期间涉华报道为例》,《现代传播》(中国传媒大学学报)2013年第4期,第47—49页。

14. 贾文键:《德国〈明镜〉周刊(2006—2007年)中的中国形象》,《国际论坛》2008年第4期,第62—67、81页。

15. 金正昆、徐庆超:《国家形象的塑造:中国外交新课题》,《中国人民大学学报》2010年第2期,第119—127页。

16. 刘琛、张玉宁、陈俊侠、周杜娟等:《镜像中的中国国家形象》,北京:中国人民大学出版社2016年版。

17. 刘泽江:《新闻框架理论探析》,《大学时代》2006年第3期,第10、24—25页。

18. 蒙象飞:《中国国家形象与文化符号传播》,北京:五洲传播出版社2016年版。

19. 潘忠党:《架构分析:一个亟需理论澄清的领域》,《传播与社会学刊》2006年第1期,第17—46页。

20. [美]乔舒亚·库珀·雷默:《中国形象:外国学者眼里的中国》,沈晓雷译,北京:社会科学文献出版社2006年版。

21. 强晓云:《试论国际移民与国家形象的关联性——以中国在俄罗斯的国家形象为例的研究》,《社会科学》2008年第7期,第

62—68、190页。

22. 汤天甜:《论中国国家形象宣传片的文化公关与价值输出》,《南京社会科学》2011年第3期,第113—117、149页。

23. 邵静:《〈纽约时报〉和〈华盛顿邮报〉的涉华报道研究》,上海大学博士学位论文2011年。

24. [美]沃尔特·李普曼:《公众舆论》,阎克文、江红译,上海:上海人民出版社2007年版。

25. 徐翀:《近十年俄罗斯民众对中国国家形象的认知——基于俄国内民调结果的实证分析》,《世界经济与政治论坛》2012年第2期,第92—104页。

26. 徐小鸽:《国际新闻传播中的国家形象问题》,《新闻与传播研究》1996年第2期,第36—46页。

27. 臧国仁:《新闻媒体与消息来源——媒介框架与真实建构之论述》,台北:三民书局2000年版。

28. 张克旭、臧海群、韩纲、何婕:《从媒介现实到受众现实——从框架理论看电视报道我驻南使馆被炸事件》,《新闻与传播研究》1999年第2期,第2—10页。

29. 张昆:《中国国家形象传播报告(2016)》,北京:社会科学文献出版社2017年版。

30. 张昆、陈雅莉:《东盟英文报章在地缘政治报道中的中国形象建构——以〈海峡时报〉和〈雅加达邮报〉报道南海争端为例》,《新闻大学》2014年第2期,第72—82页。

31. 张玉:《日本报纸中的中国国家形象研究(1995—2005)——以〈朝日新闻〉和〈读卖新闻〉为例》,《新闻与传播研究》2007年第4期,第75—83页。

32. 赵一凡:《欧美新学赏析》,北京:中央编译出版社1996年版。

33. [法]朱莉娅·克里斯蒂娃:《符号学:符义分析探索集》,

史忠义等译,上海:复旦大学出版社 2015 年版。

34. Chin-Chuan, Lee, *China's Media, Media's China*, 1994, Colorado: Westview Press.

35. Department of Defence, Australian Government, 2009, 2 May, Defending Australia in the Asia Pacific Century: Force 2030(the Defence White Paper 2009), Canberra: Commonwealth of Australia.

36. DFAT(Department of Foreign Affairs and Trade), various years, *Department of Foreign Affairs and Trade Annual Report*, Canberra: Commonwealth of Australia.

37. Di, Wang, 2009, *The Changing of the Image of China: A Framing Analysisi of Coverage in the Times Magazine From 1992 to 2008*, Conference Papers-International Communication Association, 2009 Annual Meeting.

38. Elena Atanassova-Cornelis, *Chinese Nation Building and Foreign Policy: Japan and the US as the Significant "Others" in National Identity Construction*.

39. Ervin, Goffman, *Frame Analysis: An Essay on the Orgnization of Experiece*, New York: Harper & Row, 1974, p.21.

40. Fergus, Hanson, "The Lowy Institute Poll 2008: Australia and the World Public Opinion and Foreign Polic", Lowy Institute for International Policy.

41. ——, "The Lowy Institute Poll 2009: Australia and the World Public Opinion and Foreign Policy", Lowy Institute for International Policy.

42. ——, "The Lowy Institute Poll 2010: Australia and the World Public Opinion and Foreign Policy", Lowy Institute

for International Policy.

43. FIRB(Foreign Investment Review Board), various years, *Foreign Investment Review Board Annual Report*, Canberra: Commonwealth of Australia.

44. Gitlin, Todd, *The Whole World Is Watching*, Berkley: University of California Press, 1980.

45. Janaina de Moura Engracia Giraldi, Ana Akemi Ikeda & Marcos Cortez Campomar, "Reasons for country image evaluation: A study on China image from a Brazilian perspective", *Journal of Database Marketing & Customer Strategy Management*, 2011, Vol.18, No.2, pp.97—107.

46. Jcache Company,《Factiva 全球新闻及公司数据库》, (Factiva 介绍.ppt), 2009, https://wenku.baidu.com/view/e1dd67ff770 bf78a652954f8.html.

47. Jing, Yin," The Narrative Function of News: A Comparative Study of Media Representation and Audience Interpretation of China-U.S. Trade Relationship", *China Media Research*, 2007, Vol.3, No.3, pp.33—42.

48. John King, Fairbank, *China Perceived: Images and Policies in Chinese—American Relations*, New York: Alfred A. Knopf Inc, 1974.

49. Knott, Matthew, "Newspaper circulation results shocker: the contagion edition", Crikey, Private Media, Retrieved 26 August 2013.

50. Norman, Fairclough, *Discourse and Social Change*, Cambridge: Polity Press, 1992.

51. Pere Berkowitz、George Gjermano、Lee Gomez、Gary Schafer, 2007: 164—178 *Brand China: Using the 2008 Olympic*

Games to enhance China's image

52. Robert M., Entman, "Framing: Toward Clarification of a Fractured Paradigm", *Journal of Communication*, 1993, Vol.43, No.4, pp.51—58.

53. Rowan, Callick, "Tributes for top China expert", *The Australian*, (from Factiva), 2014, 12 August.

54. Trade Analysis and Statistics Section, DFAT, *Composition of Trade Australia 2016*, Canberra: DFAT, 2017, June.

55. Wolfgang, Iser, *The Fictive and the Imaginary: Charting Literary Anthropology*, Baltimore.: Johns Hopkins University Press, 1993.

56. Zengjun, Peng, "Representation of China: An Across Time Analysis of Coverage in the New York Times and Los Angeles Times", *Asian Journal of Communication*, 2004, Vol.14, No.1, pp.53—67.

57. Zhilian, Zhang, "China and France: The Image of the Other", *Chinese Studies in History*, 2010, Vol. 43, No. 3, pp.97—106.

后 记

本书是上海理工大学教师教学发展研究项目的成果之一,在博士论文的基础上修改而成。

本书的写作是一段充满艰难却又让人获益匪浅的经历。从选题到搜集资料,从撰写大纲到数易其稿,其中的艰辛与快乐,付出与收获于我都是人生最重要的财富,无可替代。

本书的完成离不开大家对我的支持,尤其是我的博士导师侯敏跃先生和硕士导师胡范铸先生。侯敏跃先生引导我进入澳大利亚研究的领域,奠定了我对澳大利亚媒体研究的兴趣。在论文撰写的过程中,侯老师总是积极启发、严格要求,从遣词造句到标点符号,其认真细致程度让我汗颜,光是博士论文的题目侯老师就与我商讨不下五六次,老师向我言传身教了何为"治学应有的严谨态度";胡范铸先生学识深厚,见解犀利,每次与老师的对话都会让我有醍醐灌顶、茅塞顿开之感,从硕士阶段的学习开始,胡老师总是在引导我们学会自己发现问题、思考问题、分析问题、解决问题,让我获益匪浅,是我在学术之路上的精神导师。我深知自己与老师相差甚远,但这亦是我继续前行的动力。

我要感谢在学术道路上共同前行的师兄弟姐妹们,每当我陷入困难迷茫的时候,他们努力进步的身影鞭策着我,督促我前进不放弃;感谢单位的同事和领导,是你们的体谅让我能拥有更多研究的时间和机会,在工作后仍能继续学业。

另外,我还要感谢我的家人,他们给予我的陪伴和支持是我强大的精神动力。在写作过程中,我少了很多陪伴孩子的时间,是我的父母,默默地替我扛起了照顾孩子的重任。多少次,看到母亲日渐斑白的头发,我心中深深地愧疚;多少次,看到父亲忙碌的身影,我心中无限地感动,谢谢你们对我的不离不弃。还有我的先生、儿子和女儿,谢谢你们给我一个充满爱的家,无论何时,我都可以感受到你们的爱。

这或许是一部完成的学术专著,却更是新的学术之路的开始,我必将继续努力,以勤补拙,砥砺前行!

2019 年 4 月

图书在版编目(CIP)数据

澳大利亚主流报纸中的中国形象研究:2007-2010/计冬桢著.—上海:上海社会科学院出版社,2019
ISBN 978-7-5520-2728-0

Ⅰ.①澳… Ⅱ.①计… Ⅲ.①报纸-新闻报道-研究-澳大利亚②国家-形象-研究-中国 Ⅳ.①G219.611②D6

中国版本图书馆 CIP 数据核字(2019)第 074785 号

澳大利亚主流报纸中的中国形象研究:2007-2010

著　　者:计冬桢
责任编辑:霍　覃
封面设计:周清华
出版发行:上海社会科学院出版社
　　　　　上海顺昌路 622 号　邮编 200025
　　　　　电话总机 021-63315900　销售热线 021-53063735
　　　　　http://www.sassp.org.cn　E-mail:sassp@sass.org.cn
照　　排:南京理工出版信息技术有限公司
印　　刷:上海市崇明县裕安印刷厂
开　　本:890×1240 毫米　1/32 开
印　　张:7.75
字　　数:188 千字
版　　次:2019 年 6 月第 1 版　2019 年 6 月第 1 次印刷

ISBN 978-7-5520-2728-0/G·548　　　　　定价:35.00 元

版权所有　翻印必究